Discussions à visée philosophique à partir de contes pour les 5 à 14 ans

Apprentis philosophes

LELEUX C. et LANTIER J., *Discussions à visée philosophique à partir de contes pour les 5 à 14 ans.*

Claudine Leleux
Jan Lantier

Apprentis philosophes

Discussions à visée philosophique à partir de contes pour les 5 à 14 ans

de boeck

Le présent ouvrage tient compte des simplifications orthographiques proposées par le Conseil Supérieur de la langue française et approuvées par l'Académie française en 1991.

L'auteur des contes, **Jan LANTIER**, *est philosophe de formation.*

L'auteur de l'ouvrage pédagogique, **Claudine LELEUX**, *enseigne la philosophie ainsi que la didactique de l'éducation à la citoyenneté et de la morale non confessionnelle à la Catégorie pédagogique Defré de la Haute École de la Communauté française à Bruxelles.*
Elle a notamment publié chez De Boeck, pour les 5 à 14 ans, trois volumes d'éducation à la citoyenneté dans la collection « Outils pour enseigner » et un ouvrage de didactique de l'éthique et de la citoyenneté dans la collection « Action ».

Nous remercions Geneviève HAUZEUR, professeur de didactique du français à Defré (HEB), qui a bien voulu relire une première version des contes.

Pour toute information sur notre fonds, consultez notre site web: *www.deboeck.com*

Imprimé en Belgique

D 2010/0074/109
ISBN : 978-2-8041-6029-6

Introduction à la discussion à visée philosophique

Claudine Leleux

Si nous partons de l'hypothèse que la mission publique d'un enseignant du 21e siècle est de former, dès le plus jeune âge, des personnalités autonomes, coopératives et participatives – ce que j'ai voulu démontrer dans un livre récent[1] –, il nous faut mettre en place des dispositifs d'apprentissage qui nous permettent d'atteindre cet objectif. J'ai choisi ici de mettre un de ces dispositifs en exergue : celui de « philosophie pour enfants », mis au jour par le philosophe et pédagogue américain, Matthew Lipman, mais que j'ai adapté.

Disons tout de suite, pour éviter de faux débats, que ce dispositif, et malgré le nom que Lipman lui a donné, n'a pas pour objectif de former les enfants à la discipline philosophique proprement dite, mais vise principalement à développer, chez les enfants et les adolescents, les compétences cognitives de la réflexion, du raisonnement et de l'argumentation, les compétences morales et civiques du jugement, les compétences communicationnelles (coopératives et participatives) d'écoute et de discussion.
La discussion suppose une méthodologie spécifique.

Méthodologie de la discussion

La didactique de l'oral

L'école apprend aux élèves à lire, écrire et compter. Mais leur apprend-elle à parler ? Sans dénier à ces trois compétences de base leur importance pour structurer une pensée, il ne faudrait pas négliger la parole, la justification et l'argumentation orales comme moyens de structurer la pensée et développer le jugement moral et citoyen. Vygotski nous le rappelle avec force :

---

1 Claudine Leleux [2001].

> « La structure du langage n'est pas le simple reflet, comme dans un miroir, de celle de la pensée [... le langage] ne sert pas d'expression à une pensée toute prête. En se transformant en langage, la pensée se réorganise et se modifie. Elle ne s'exprime pas mais se réalise dans le mot.[2] »

Mais comment apprendre à prendre la parole, à justifier et argumenter, et, suffit-il pour ce faire de s'exprimer oralement ?

Deux didacticiens de la langue française, Joaquim Dolz et Bernard Schneuwly[3], se sont préoccupés de modéliser une didactique de l'oral. Celle-ci suppose une séquence didactique :

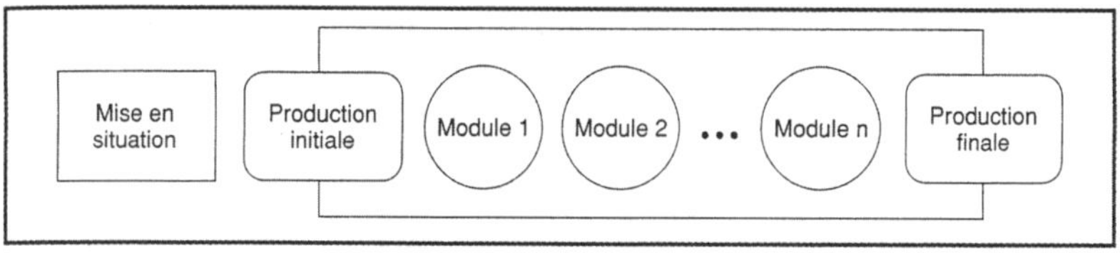

Schéma de la séquence didactique

Cette séquence propose de :

1. mettre les élèves en situation, c'est-à-dire de les faire discuter sans apprentissage ;
2. les faire réfléchir à leur première production de façon à dégager les éléments qui ont manqué pour atteindre l'objectif, ici, débattre ensemble ;
3. préparer quelques modules qui visent à leur faire acquérir une à une les compétences indispensables à discuter ;
4. les mettre alors au défi de transférer les compétences acquises dans une production finale et d'évaluer si les objectifs ont alors été atteints.

Les objectifs spécifiques à chaque module[4] pourraient être, par exemple, d'apprendre à :

- introduire un débat ;

---

2 Lev Vygotski [1934, p. 431].

3 Joaquim Dolz, Bernard Schneuwly [1988, pp. 174-176].

4 Voir à titre d'exemple la séquence didactique pour des élèves de 10-11 ans de Sarah Gigot, « Apprendre à débattre », dans Claudine Leleux [2006, leçon n° 32].

- utiliser des règles de discussion (qui distribue la parole ? Comment l'obtenir ?), et d'écoute (de celui qui est autorisé à parler) ;
- habiller une opinion (« Je pense que... », « Je suis d'accord avec... ») ;
- utiliser des expressions qui structurent la prise de parole et la rendent plus aisée à comprendre (« D'une part... d'autre part », « En premier lieu..., en second lieu... », « Primo... secundo... ») ;
- critiquer l'idée du discuteur et non sa personne ;
- distinguer un échange verbal d'une discussion dans laquelle après avoir écouté quelqu'un on dit être d'accord ou non avec lui et pourquoi ;
- distinguer l'énoncé d'un argument (énoncé justifié en termes de raisons de penser ceci plutôt que cela) ;
- conclure le débat ;
- évaluer la qualité du débat.

Les tâches de l'enseignant, quant à elles, seraient de :

- préparer la discussion (les aspects problématiques d'un sujet) ;
- garder le fil de la discussion ;
- veiller à ce que les discuteurs critiquent des idées et non des personnes ;
- s'interdire tout jugement de valeur sur les idées avancées ;
- faire se répondre les élèves entre eux pour dépasser le simple échange verbal et acquérir des compétences dialogiques critiques[5] ;
- solliciter des avis par rapport aux arguments avancés pour aider les élèves à développer leur esprit critique ;
- faire repérer des divergences et des convergences, se confronter des arguments et choisir les meilleurs en vue d'un consensus d'idées quand c'est possible et acter les « dissensus » éventuels ;
- élargir le sujet de la discussion par des questions « généralisantes » (par exemple : pensez-vous que ce que nous dit « X » est vrai en toutes circonstances ?).

5 Une recherche de Marie-France Daniel [2005, pp. 35-36] a permis de montrer que les compétences dialogiques mises en œuvre par les enfants peuvent être diversement développées : un échange verbal « intéressant » entre élèves n'est pas nécessairement dialogique et tout dialogue n'est pas d'emblée critique.

Les « discussions à visée philosophique » (DVP) qui sont présentées ici peuvent constituer autant de modules, au sens de Dolz et Schneuwly, de l'apprentissage de l'oral, même si, comme je l'indique ci-dessous, elles visent surtout à faire acquérir aux enfants et aux adolescents les compétences à l'autonomie individuelle (sur le plan intellectuel, moral et affectif), à la coopération sociale et à la participation publique selon les trois axes (cognitif, conatif et affectif). Chaque DVP vise à amener l'élève à écouter les autres et leur répondre, à formuler et argumenter un avis (autonomie), à confronter celui-ci aux autres pour en vérifier la validité (coopération) et à convaincre les autres de son point de vue (participation). Je détaille ces compétences dans l'annexe pour me concentrer sur la description du dispositif de la « discussion à visée philosophique ».

Le dispositif de la discussion à visée philosophique

J'entends par « discussion à visée philosophique » (que j'abrègerai dans la suite du texte par le sigle DVP) un dispositif de discussion, inspiré de la « philosophie pour enfants » de Matthew Lipman, qui vise à développer le jugement normatif (moral et citoyen) par le questionnement, le dialogue critique et la recherche coopérative de la « vérité » (principalement ici, le « bien » et le « juste »). Ce dispositif devrait, autrement dit, jouer un *rôle accélérateur dans l'acquisition des compétences cognitives supérieures, comme la conceptualisation, la réflexion et la pensée abstraite*[6] qui interviennent dans le jugement normatif autonome (juger par soi-même, formuler et « habiller » son jugement, justifier ses choix et en répondre, découvrir le pluralisme des idées, des normes et des valeurs et acquérir un esprit critique dans la confrontation avec les pairs, mener une recherche coopérative de la « vérité », se décentrer, adopter un point de vue de réciprocité, anticiper les conséquences, bref, comme le dit Kant, faire usage de *pensée élargie* et donc d'humanité[7]).

Matthew Lipman a passé une bonne partie de sa vie à convaincre l'opinion publique de l'intérêt du questionnement, de la réflexion et de la discussion

6 Claudine Leleux [2005, pp. 117-129].

7 Emmanuel Kant [1790, p. 127].

philosophiques pour améliorer l'apprentissage en général[8]. Les effets bénéfiques de son dispositif de « philosophie pour enfants » (PPE) sont globalement avérés[9]. Beaucoup d'enseignants de par le monde, convaincus par le dispositif, pratiquent la PPE selon Matthew Lipman. Ce dispositif de PPE, comme tout dispositif pédagogique d'ailleurs, a subi ici et là des aménagements sur le terrain : tous ne sont pas judicieux d'ailleurs s'ils négligent l'apprentissage des compétences principales que vise Lipman[10].

Le dispositif de la DVP tel que je l'enseigne, sans renier sa dette pédagogique à l'égard de Lipman, a été simplifié par rapport au dispositif de PPE[11] et peut ainsi tenir dans une période de 50 minutes tandis que celui de PPE permet tout au plus, en 50 minutes, de lire le texte, de recueillir les nombreuses questions et de les regrouper. Une communauté de recherche de réponses aux questions devant la plupart du temps être reportée sur une deuxième période de 50 minutes. Le dispositif de la DVP que je propose offre ainsi l'avantage de maintenir la vigilance et l'attention des élèves pendant une durée limitée. Il n'indique en rien une critique du dispositif de PPE qui permet, lui, de développer des compétences supplémentaires (questionner, classer, chercher en groupe autrement que par la discussion).

Pertinence du dispositif de DVP

Lors d'une recherche-action en 2007-2008, en partenariat avec 19 instituteurs, 26 classes et 400 élèves de l'école fondamentale, j'ai pu mesurer l'efficacité du dispositif de DVP – tel que décrit ci-dessous – sur le développement du jugement moral et citoyen des enfants de l'école fondamentale de 5 à 12 ans. En effet, j'ai pu constater que l'évolution du jugement moral

8 Matthew Lipman [1989], « Renforcer le raisonnement et le jugement par la philosophie » dans Claudine Leleux [2005, pp. 11-24].

9 Voir par exemple la discussion des résultats par Freddy Mortier [2005], « Études d'évaluation : la méthode de Matthew Lipman comme moyen de développement » dans Claudine Leleux [2005, pp. 47-70].

10 Matthew Lipman, *ibid.*

11 Il s'inspire plutôt de certaines nouvelles pratiques en France : voir, par exemple : Michel Tozzi [2007].

et citoyen est plus forte dans toutes les classes qui ont pratiqué la DVP relativement à leur classe témoin :

- Pour les 6-7 ans : + 26,92 % (contre + 21,05 % pour le groupe témoin) ;
- Pour les 7-8 ans : + 27,53 % (contre + 22,46 % pour le groupe témoin) ;
- Pour les 8-9 ans : + 47,06 % (contre + 17,5 % pour le groupe témoin) ;
- Pour les 9-10 ans : + 33,33 % (contre + 27,63 % pour le groupe témoin) ;
- Pour les 10-11 ans : + 26,34 % (contre + 13,33 % pour le groupe témoin) ;
- Pour les 11-12 ans : + 21,43 % (contre + 11,12 % pour le groupe témoin).

Le lecteur intéressé pourra lire le rapport complet de la recherche dans la *Revue française de pédagogie*[12].

Ces résultats ont été globalement confirmés avec une équipe de recherche plus restreinte en 2008-2009 (12 instituteurs et 231 élèves de 6 à 11 ans). Les instituteurs-chercheurs ont initié mensuellement une DVP (huit sur l'année scolaire) à partir des *Contes philosophiques en Afrique* de Jan Lantier[13]. Les questions recueillies, auprès des enfants après la lecture et la compréhension de ces contes, ainsi que les sagesses individuelles produites après les discussions et les sagesses élues par vote dans les classes, ont été utilisées ici à titre d'exemples pour l'enseignant qui souhaiterait initier le dispositif de DVP dans ses classes.

Pour les autres contes, les exemples proviennent d'étudiants de dernière année dont j'ai supervisé la préparation et des DVP en classe de stage auxquelles j'ai assisté ou de DVP que j'ai moi-même animées dans les classes de morale non confessionnelle de Catherine Jeanmart.

Bref descriptif du dispositif

- L'enseignant part d'un album, d'un conte, d'une fable, d'une citation, d'un dilemme… pour susciter un questionnement des élèves.

12 Claudine Leleux [2009a].

13 Sur la base des contes 14, 9, 12, 5, 18, 2, 3, 1. L'ordre de ces DVP était purement arbitraire.

J'ai choisi de partir ici des vingt *Contes philosophiques en Afrique* de Jan Lantier. Celui-ci nous explique plus loin comment ces *Contes* ont vu le jour.

- La cueillette des questions des élèves au tableau n'est qu'une phase d'amorçage de la discussion alors qu'elle est un moment décisif dans le dispositif de Lipman pour développer la compétence des élèves à questionner.
- Partant de deux ou trois questions[14] non factuelles, dites philosophiques, indiquées au tableau avec le prénom de l'enfant qui l'a posée, l'enseignant anime une discussion d'une **vingtaine de minutes** dont l'objectif est la recherche coopérative de réponses à ces questions. Les questions posées par les élèves peuvent en effet être de deux types. **Les questions factuelles** : auxquelles on peut immédiatement répondre (les questions d'ordre lexical ou relatives à la compréhension du récit) ou auxquelles on ne pourra jamais répondre parce que l'auteur du texte a déterminé lui-même ce que le lecteur sait et ne sait pas à propos de la narration. Et puis, il y a les questions auxquelles on ne peut pas répondre immédiatement, sans réflexion et sans discussion ou auxquelles on ne peut donner une réponse objective – valable pour tous – ou définitive. En bref, les questions qui touchent à la vérité et au sens (est-ce exact ?, ou encore, est-ce bien ? est-ce juste ?, et, est-ce beau ? et cela vaut-il ?) Ces questions-là, nous les nommons traditionnellement, des **questions philosophiques** puisque le domaine d'investigation de la philosophie est précisément celui du « Vrai », du « Bien » ou du « Juste » et du « Bon » ou du « Beau ». Ce sont ces questions philosophiques que Matthew Lipman propose d'accueillir à l'école, alors qu'un enseignement classique les rejette souvent à la marge soit comme futiles et indignes d'intérêt parce qu'incertaines, soit encore comme sortant du domaine de l'enfance et nécessitant l'âge mûr.
- À l'issue de cette discussion, l'enseignant demande à chaque élève de rédiger une « sagesse du jour » (sorte de petit conseil ou précepte pour un ami) qui résumerait la discussion que les élèves

14 Il n'est pas nécessaire pour amorcer la discussion de recueillir beaucoup de questions. Une, deux ou trois suffisent amplement.

viennent d'avoir, sous la forme d'une « leçon de morale / leçon de vie », c'est-à-dire sous la forme d'un **conseil pratique**. L'objectif étant ici que l'élève apprenne à formuler/structurer sa pensée par écrit sous une forme généralisante (« synthétique ») mais aussi, ce que ne préconise pas Matthew Lipman prioritairement, à développer son jugement normatif en se confrontant aux arguments de ses pairs. Notons que le fait de se donner pour objectif de discussion la formulation d'une « sagesse du jour » permet à l'enseignant de cibler une problématique dans le champ normatif de la morale et du droit. Ce n'est pas le cas lorsque l'enseignant vise à faire formuler par les élèves une « pensée du jour » dans le champ descriptif ou constatif[15].

- Les enfants, qui le veulent, peuvent ensuite présenter/lire leur sagesse du jour au reste de la classe. Les sagesses proposées, après reformulation avec l'accord de l'élève, sont notées au tableau par l'enseignant en vue du vote de la sagesse du jour de la classe (qualifiée par l'enseignant comme le résultat provisoire et faillible de la discussion).
- Les élèves peuvent voter pour plusieurs sagesses, y compris la leur, de telle sorte, d'une part, qu'ils n'aient pas tendance, dans un vote unique, à préférer la sagesse de leur condisciple et, d'autre part, **pour que la sagesse de la classe soit bien une généralisation à laquelle la discussion de la classe a mené**. Dans le cas d'un ex æquo, chaque élève départage par un vote unique les sagesses en concurrence. Le vote permet aussi l'apprentissage d'une des procédures démocratiques de la formation de la « volonté générale ».
- La sagesse individuelle et celle de la classe seront conservées par écrit dans le *Carnet de l'apprenti philosophe* et pourront être illustrées par l'enfant (dessin, documents...). Ce *Carnet* permet à l'élève un dialogue avec lui-même dans le temps, la contribution au développement de son identité et intimité, de même qu'une trace de la pensée d'autrui à laquelle il pourra se confronter dans la durée.

15 Claudine Leleux [2010, Objectif 1].

Toutefois, que le dispositif soit de PPE ou de DVP, il importe, comme le souligne Lipman, que la discussion soit problématisée et préparée par l'enseignant pour dépasser le simple échange verbal ou le pseudo-dialogue. Une des difficultés de l'enseignant pour instituer ce type de dispositif est, en effet, de se représenter la manière dont les élèves vont réagir (les questions qu'ils vont se poser et les arguments qu'ils vont avancer).

Je voudrais insister ici sur quelques conseils de méthode pour surmonter les difficultés rencontrées par mes étudiants stagiaires qui mettaient le dispositif en œuvre pour la première fois.

Préparation d'une DVP par l'enseignant

La discussion d'une vingtaine de minutes doit être préparée (et conduite) par l'enseignant sur une problématique « philosophique » ciblée.

Pour déterminer cette problématique, l'enseignant pourra se référer aux étapes de préparation d'une leçon (EPL)[16], notamment en se posant trois questions :

- « *Qu'est-ce que... ?* » de façon à préparer les propriétés essentielles des concepts nécessaires à l'argumentation ainsi que des exemples et contre-exemples ;
- « *Faut-il que ?* », « *Que dois-je faire ?* » ou « *Que devons-nous faire ?* » de façon à préparer les arguments pour et contre telle ou telle norme d'action. Pour que les 20 minutes de discussion ne soient pas superficielles, il importe de préparer un ou deux sujets en profondeur. Par exemple, à partir du conte, *La juste égalité*[17], préparer les différentes conceptions de la justice et ce que signifie « être juste » ;
- « *Est-ce que j'aime ou je préfère... ?* » de façon à préparer la discussion en prenant appui sur les ressentis et les valeurs.

L'enseignant pourra vérifier si sa problématique est bien ciblée en rédigeant un projet de conclusion de la phase formative (des projets de « Sagesses du jour de la classe ») et en résumant sa leçon par un titre problématisant.

16 Claudine Leleux [2010, chapitre 2].

17 Voir DVP n°5.

Déroulement d'une DVP

Un déroulement-type a été filmé à partir du Conte n° 15 sur le DVD qui accompagne cet ouvrage.

Les consignes aux élèves doivent être bien préparées en fonction des objectifs d'apprentissage :

1. Vérification de la compréhension du support de départ. Avant de passer à la « cueillette » des questions philosophiques, telles que je les ai définies, il est capital pour l'enseignant de s'assurer brièvement (5 minutes) que les élèves ont bien compris le support utilisé (compréhension du récit, du texte ou de la citation de départ, compréhension du message d'une bande dessinée ou d'une caricature, compréhension des termes d'un dilemme moral...), sans quoi la « cueillette de questions » contiendra beaucoup trop de questions « factuelles ». L'enseignant peut procéder comme suit : demander à un élève de raconter brièvement l'histoire (éventuellement, demander à un 2e ou 3e enfant de poursuivre).

2. Cueillette des questions. Une fois cette vérification de la compréhension effectuée, l'enseignant « cueille les questions » (2 ou 3 maximum) au tableau : « auriez-vous une question à partir de l'histoire ou le support proposé (et non pas sur l'histoire ou le support proposé). La formulation de la consigne est importante de façon à ne pas enfermer le questionnement dans l'histoire ou le support proposé mais à ouvrir la réflexion plus largement. Attention, l'enseignant ne précise pas le type de questions qu'il attend pour ne pas inhiber le questionnement des enfants. Si l'élève pose une question factuelle, l'enseignant y répond, éventuellement avec l'aide de la classe, sans la noter au tableau.

3. (Re)formulation des questions. Si besoin est l'enseignant aide l'élève à formuler sa question avant de la noter au tableau suivie de son prénom entre parenthèses. Le but de cette reformulation est double : écrire une question dans un langage correct et synthétiser la question pour que l'enseignant tourne le dos le moins longtemps possible à la classe. Si une question similaire (quant au sens) est proposée, l'enseignant ajoute un 2e ou 3e prénom dans les parenthèses avec l'accord des élèves. De manière à développer le jugement normatif des élèves et de conduire la discussion autour des questions « Que dois-je faire ? » ou « Que devons-nous faire ? », l'enseignant devrait, si possible, **éviter les formulations constatives et descriptives** (auxquelles il pourrait ne pas y avoir de réponse) **au profit d'une formulation normative**. Par exemple à propos de la fable *Le cheval et l'âne*[18] :

- « Le cheval devrait-il avoir mauvaise conscience ? » plutôt que « Le cheval a-t-il mauvaise conscience ? »
- « Le cheval risque-t-il de mourir à son tour ? » plutôt que « Le cheval va-t-il mourir lui aussi ? »
- « Le cheval n'aurait-il pas dû accepter une petite charge dès le départ » plutôt que « Pourquoi le cheval n'a-t-il pas accepté une petite charge dès le départ ? »

4. Amorçage de la discussion. Quand la cueillette des questions est terminée, l'enseignant utilise ces questions pour amorcer la discussion (si possible sur la problématique ciblée par l'enseignant). Notons que l'enseignant ne prend pas nécessairement les questions dans l'ordre où elles ont été cueillies mais dans l'ordre qui convient le mieux à son plan de discussion.

5. Élargir le champ de la discussion. Pour sortir de l'histoire ou du support, l'enseignant ne doit pas oublier que les élèves ont, surtout avant l'enseignement secondaire supérieur, une pensée encore très concrète et qu'il faut préparer des exemples OUI (par analogie) et des exemples NON (par contraste) pour faire progresser la discussion. Des exemples OUI sont des personnes, des situations, des objets... empiriques qui vérifient les propriétés du concept (ou de la conception), qui en sont des « analogues », tandis que les exemples NON mettent en question par contraste ces propriétés. Par exemple, dans la DVP n° 5, en admettant que la discussion aboutisse à affirmer que la « juste égalité » consiste à donner plus à ceux qui ont le moins et à donner moins à ceux qui ont le plus, on peut imaginer un exemple du type : « supposons, lors d'un exercice de math. en classe, un élève très faible en math. et un élève fort en math. mais qui n'aime pas travailler seul, que devrait faire l'enseignant pour être juste, s'occuper plus du premier ou du second élève ? » Cet exemple relance la discussion sur ce que c'est être juste

18 Michel Piquemal, Philippe Lagautrière [2007, pp. 36-37].

pour amener les élèves à nuancer leur réflexion et l'enseignant à de ne pas moraliser les élèves en leur inculquant un principe moral ou citoyen a priori, sans réflexion.

6. Les sagesses individuelles. La phase formative est le moment où l'enseignant atteint son objectif d'apprentissage. En morale non confessionnelle et en citoyenneté, l'objectif d'apprentissage est **normatif** au sens où je l'ai défini depuis le début de cet ouvrage et sans, par conséquent, l'assimiler à « normal », « normalisation », « moralisation »... La discussion vise donc à déterminer les arguments en faveur ou en défaveur d'une règle d'action. C'est ce qu'exprime le terme de « sagesse » qui traduit le grec σοφια (sophia, science pratique [πραξις=praxis=l'action], morale ou politique). Une sagesse est une « leçon de vie ». Pour faire comprendre aux élèves le sens d'une sagesse sans le leur expliquer, l'enseignant peut leur demander de formuler une phrase qui résumerait la discussion sous la forme d'un conseil à un ami. Cette forme favorise le jugement normatif plutôt que constatif. Par exemple : « Si tu rassembles la liberté et le bien-être, tu auras plus de chances d'être heureux » (normatif) plutôt que « La liberté et le bien-être sont deux choses importantes » (constatif).

7. Reformulation des Sagesses. Lorsque les élèves proposent leur « sagesse », l'enseignant la reformule avec eux avant de l'inscrire au tableau de façon que :

a. la forme normative soit privilégiée ;
b. qu'elle apporte un sens nouveau par rapport à ce qui a déjà été écrit (pour ne pas multiplier inutilement les sagesses soumises au vote ;
c. la « sagesse » soit bien issue de la discussion (l'objectif est de « généraliser ») ;
d. la forme ne soit pas seulement « belle » (comme un slogan publicitaire) mais qu'elle rende compte de la discussion.

Cette fois, l'enseignant n'indique pas le prénom à côté de la « sagesse » pour ne pas influencer le vote qui suivra. En revanche, il numérote les « sagesses » pour en faciliter la lecture et le vote.

8. Le vote de la « Sagesse du jour de la classe ». La procédure de vote qui me semble la plus praticable consiste à permettre à chaque participant de voter à main levée pour chaque sagesse du jour proposée et recueillie au tableau. L'enseignant prévient les élèves que la sagesse qui aura recueilli le plus de voix sera considérée comme la « Sagesse du jour de la classe ». Avant de procéder au vote, il s'agit de répéter parfois plusieurs fois la consigne et d'insister pour que l'élève veille à voter pour une sagesse avec laquelle il est d'accord *ET* qui rend le mieux compte de la discussion qui a eu lieu. Avec les plus petits, pour éviter les influences, l'enseignant peut demander aux enfants de fermer les yeux, de déposer la tête sur leurs bras croisés et de voter à main levée à chaque énoncé de sagesse.

Dans le cas d'une parité des voix, l'enseignant procède à un second tour de scrutin entre les sagesses qui ont obtenu le même nombre de voix. Dans ce cas, les élèves n'ont plus qu'une seule voix pour départager les sujets ex æquo. La sagesse qui a recueilli le plus de voix est notée dans le *Carnet de l'apprenti philosophe* que les élèves peuvent illustrer et documenter.

9. Statut de la « Sagesse du jour de la classe ». De manière à prévenir tout danger pour la démocratie, la « tyrannie de la majorité » que redoutait Alexis de Tocqueville[19], et d'éduquer les élèves au jugement autonome et au courage de défendre leurs conceptions, l'enseignant prend soin de rappeler que la sagesse de la classe élue aujourd'hui est *FAILLIBLE ET PROVISOIRE*.

10. Intégrer les acquis de la discussion. La phase d'intégration ne doit pas nécessairement se faire dans les 50' mais elle doit être prévue dans la préparation sous la forme, par exemple, d'un transfert de la « Sagesse du jour » dans le contexte scolaire au cours de l'année. Le lecteur trouvera toutefois un exemple complet d'activité d'intégration dans la DVP n° 5.

19 Alexis de Tocqueville [1835, pp. 350-351].

Présentation des fiches d'accompagnement

Les numéros des phases du déroulement ci-dessus sont repris dans les fiches d'accompagnement de façon à ne pas répéter intégralement les consignes qui, comme on vient de le voir, sont parfois longuement précisées en vue d'obtenir l'effet voulu.

De façon à rendre lisible la méthodologie utilisée dans la présente collection « apprentis philosophes », toutes les fiches d'accompagnement se présentent de la même façon.

Nous énonçons ici les caractéristiques principales des rubriques de ces fiches.

Enjeu(x) philosophique(s) : l'enseignant recherche dans le support ce qui fait problème et traduit celui-ci sous une forme philosophique.

Objectif(s) cognitif, conatif ou affectif : l'enseignant cible l'objectif d'apprentissage de la discussion à visée philosophique dans l'une des trois dimensions.

Compétences principales à acquérir : l'enseignant détermine les compétences spécifiques à faire acquérir à chaque DVP, sachant que toute discussion à visée philosophique permet de développer les trois grandes compétences génériques que sont l'autonomie individuelle, la coopération sociale et la participation publique, qui se déclinent, par exemple, sous la forme des compétences C1, C4, C6, C7, C10, C11, C13, C14, C17, C25, C26, C29, C30, C32, C36 (voir tableau de compétences numérotées en annexe).

Matériel et support : outre les vingt *Contes philosophiques en Afrique* proposés ici, l'enseignant prépare le matériel lexical et/ou documentaire.

Déroulement de l'activité (voir le DVD en annexe) : se retrouvent dans cette rubrique, outre le déroulement général décrit ci-dessus, le plan de discussion permettant de cibler la problématique et de faire acquérir, d'une part, les objectifs cognitifs et, d'autre part, les compétences ciblées. Les numéros renvoient au déroulement précis de l'activité décrit ci-dessus.

Projet de conclusion (activité de synthèse) : l'enseignant prépare soigneusement ses consignes pour amener les élèves à produire une sagesse du jour et vérifie que son plan de discussion peut y mener.

Activité d'intégration (production individuelle ou collective) : l'enseignant prépare une activité de transfert de ce qui devrait être acquis à l'issue de la discussion à visée philosophique.

Lien avec d'autres activités d'enseignement (cf. Socles de compétences) : au cas où l'enseignant souhaiterait les faire acquérir par le biais d'une discussion à visée philosophique.

Prolongement éventuel : cette rubrique – très indigente ici – a pour fonction de rappeler à l'enseignant qu'il peut inscrire sa DVP dans la durée, ce qui est évidemment souhaitable pour aider l'enfant à structurer son savoir.

Introduction aux contes

Jan Lantier

Pendant que j'écrivais les contes que vous allez lire, j'entendais de temps à autre des petits bruits, des soupirs et des grognements. Dans le silence de ma chambre de travail, je compris vite que ces gémissements provenaient de mes personnages. Ils n'étaient pas contents et protestaient contre les rôles que je leur avais attribués. Ayant absolument besoin d'eux, je les invitai à une discussion à bâtons rompus.

Voilà pourquoi je me retrouve, aujourd'hui, face à une délégation de mes personnages. Je vous la présente. Il y a tout d'abord le vieux Pygmée Tsam-Kui, que vous verrez à l'œuvre dans le conte *La loi du plus fort ?* Kwaba, qui s'enfuit à la fin d'*Un accord dans le vent*, s'est assise à côté de lui. Le trio est complété par Kiroboto, le jeune héros des *Apparences trompeuses*.

Tsam-Kui prend la parole

– Vous me donnez le rôle du malin qui, en racontant un mensonge, réussit à chasser les Bantous. Chez nous, dans la forêt, cette histoire se déroulerait tout autrement.
– Comment cela se passerait-il chez vous ?, lui demandé-je.
– C'est simple. J'irais voir notre sorcier qui se mettrait en contact avec Komba, notre dieu qui a tout créé, et celui-ci enverrait un bon génie de la forêt pour chasser les Grands Noirs de notre plantation.
– C'est comme chez nous, dans le désert, intervient Kwaba. Partout, dans les grottes et dans les arbres, des esprits se cachent, des bons et des mauvais, et ce sont eux qui régissent nos vies.
– Je suis entièrement d'accord avec vous, leur dis-je, mais avec des dieux, des génies et des esprits, je ne sais rien faire. La directrice de collection m'a demandé d'écrire des contes qui doivent éveiller la réflexion philosophique des enfants…
– Philosophique, qu'est-ce que cela veut dire ?, s'exclament mes trois personnages en chœur.

– La philosophie est un ensemble de réflexions rationnelles sur le rapport de l'homme au monde, aux autres hommes, à soi-même et à son propre savoir. Les dieux et les esprits appartiennent à la sphère des croyances et des religions et n'ont pas leur place dans la philosophie. Je devais donc écrire des contes sans génies ni esprits pour initier des discussions entre les élèves sur leurs comportements dans la vie, leurs attitudes vis-à-vis d'eux-mêmes et des autres êtres humains et aussi pour les stimuler à réfléchir sur la façon dont ils réfléchissent...

Kwaba est furieuse

– Mais alors, vous avez abusé de nous, vous avez déformé nos vies et notre culture, s'écrie la femme du désert.
– Kwaba, vos accusations sont lourdes. Je vais essayer de me défendre. Avant d'écrire, j'ai lu près d'un millier de contes africains et puis je me suis comporté comme un griot, ces conteurs africains qui voyagent d'un village à l'autre pour y raconter, à l'occasion des fêtes ou le soir autour du feu de camp, les centaines d'histoires qu'ils connaissent par cœur. Chaque griot raconte une histoire à sa façon et j'ai fait de même. Je ne suis pas noir. Je suis blanc et j'ai puisé dans la riche culture africaine pour raconter des histoires à des enfants européens ; blancs, noirs et de toutes les couleurs. Voilà mon crime.

Kiroboto prend la relève

– Je n'ai toujours pas bien compris comment vous avez procédé. Qu'est-ce qui est resté africain dans vos contes et qu'est-ce qui est devenu européen ?
– La réponse est difficile, cher Kiroboto, mais je vais vous donner quelques exemples. Dans le livre où j'ai découvert le conte sur vous et vos frères, le texte occupe une soixantaine de pages. À mes yeux, *Apparences trompeuses* contient l'essentiel de votre histoire, mais je l'ai réécrite en dix paragraphes. Pour le conte dans lequel Kwaba joue le rôle principal, j'ai agi autrement : je suis parti d'un poème sur les vents dans le Kalahari et sur une fille qui errait dans ce désert. Le reste, je l'ai inventé. Je vous donne encore un troisième exemple : *La querelle des oiseaux* ne sort d'aucun livre de contes, de fables ou de légendes africaines. Je l'ai imaginé entièrement comme je l'ai fait pour d'autres. Voilà comment j'ai procédé.

Kwaba rétorque

– Et vous trouvez cela justifiable de faire un mélange d'Europe et d'Afrique ?
– Chère Kwaba, j'aimerais vous persuader. Que dire ? Nous vivons, aujourd'hui, dans un monde de plus en plus ouvert où les cultures se mélangent. Je connais un auteur qui s'appelle Félix Ventura. Il est né en Afrique, plus précisément en Angola. Il y a appris le portugais, la langue des anciens colonisateurs de son pays. Il a fait ses études universitaires à Lisbonne, la capitale du Portugal. Ce pays se trouve à côté de l'Espagne et Félix Ventura n'a pas mis longtemps à apprendre également l'espagnol. Dans cette langue, il a lu le livre qui est considéré comme le premier roman de la littérature européenne : *Don Quichotte de la Manche* de Cervantès. Je viens de lire le roman que mon ami Félix a récemment publié. Ses deux personnages principaux ressemblent comme deux gouttes d'eau à Don Quichotte et son serviteur Sancho Panza. Pour le reste, le livre de Félix ne ressemble en rien à celui de Cervantès. Faut-il maintenant crier au crime, au vol de patrimoine ou faut-il tout simplement conclure que la culture se construit par influences réciproques et métissages ?

Tsam-Kui persiste

– Cher auteur, il me semble que vous auriez pu prendre un chemin plus facile à travers votre forêt de contes. Pourquoi n'avez-vous pas tout simplement écrit des histoires européennes pour des enfants européens ?
– Bonne question, mais j'ai deux réponses. Pour commencer, la directrice de collection m'avait demandé d'écrire de courts contes. Or qui dit court, dit simple. En Europe, nous vivons dans des villes et des sociétés de plus en plus complexes. Un conte comme *Retour de flamme* se déroule dans un désert où il n'y a qu'une petite rivière et seulement quelques buissons. Un décor aussi simple est introuvable à Paris, Bruxelles ou Londres.
– Pour la même raison, vous auriez pu situer vos contes dans les lointaines iles d'Océanie ou d'Indonésie, me répond Kwaba, qui se montre mon contradicteur le plus dur. Pourquoi vous êtes-vous acharné sur notre Afrique ?
– Kwaba, j'adore la façon dont vous défendez votre continent, mais j'ai néanmoins une deuxième raison pour situer ces contes en Afrique. J'aime

l'Afrique. J'aime ses contes et ses fables, comme j'aime ses masques et ses peintures rupestres. À cause des guerres civiles incessantes, des famines récurrentes et des épidémies affligeantes, les Européens préfèrent oublier votre continent. Moi, avec mes faibles moyens, je veux essayer d'attirer l'attention des futures générations européennes sur les richesses culturelles de vos peuples du désert, des savanes et de la forêt vierge. Voilà pourquoi je m'acharne sur votre Afrique.

À la fin de notre discussion, Kwaba, Kiroboto et Tsam-Kui m'ont dit qu'ils leur fallait réfléchir à tête reposée à tous mes arguments. Ils devaient surtout en parler aux membres de leur tribu respective, mais quand je leur ai demandé s'ils me permettaient de remettre mes contes à mon éditrice, ils m'ont donné le feu vert.

Vous l'aurez compris : les contes de ce volume ne sont pas de véritables contes africains. Aux lecteurs qui veulent prendre connaissance d'authentiques contes africains, je conseille de visiter la collection « Contes et légendes » dirigée par Henry Tourneux et publiée par la maison d'édition Karthala à Paris. Cette collection compte déjà plus de vingt volumes. Quand vous l'aurez traversée, du Nord au Sud et de l'Ouest en Est, vous aurez compris que beaucoup de contes d'Afrique orientale, en langue swahili, puisent leur inspiration dans la littérature arabe et plus précisément dans les *Contes des mille et une nuits*. Ouvrez aussi ces livres arabes et vous serez gavés de contes pour très longtemps…

Les discussions à visée philosophique

Discussion à visée philosophique n° 1

DEVONS-NOUS PARTAGER LE SAVOIR ?

ENJEU(X) PHILOSOPHIQUE(S)	***Devons-nous partager le savoir ? (École, éducation) – Le partageons-nous ? (Culture)*** NB : avec des élèves plus âgés, il est possible d'aborder une autre problématique : *Qu'est-ce que connaitre ? Vaut-il mieux avoir une tête bien faite que bien pleine ?*
OBJECTIF(S) : COGNITIF, CONATIF OU AFFECTIF.	Comprendre que je suis un « moi » inséré dans un monde commun (de savoir).
COMPÉTENCES SPÉCIFIQUES À ACQUÉRIR	Outre les compétences qu'une DVP permet de faire acquérir, viser principalement à ce que l'élève se comprenne et se connaisse (C2) et exprime son besoin des autres (C47) pour être.
MATÉRIEL ET SUPPORT	– Jan Lantier, *Contes philosophiques en Afrique*, « 1. Les frères rivaux ». – Tableau ou panneau pour recueillir les questions. – Carnet de l'apprenti philosophe.
DÉROULEMENT DE L'ACTIVITÉ	– Lors de cette première activité : petite introduction sur la notion « philosophie » pour introduire l'activité « Discussion à visée philosophique » (DVP). **Qu'est-ce que la philosophie ?** Le terme de philosophie est composé de deux mots : philos, φιλος (qui est l'ami) ; sophia, σοφια (du savoir). Après s'être posé des questions, une DVP consiste à rechercher la vérité coopérativement par la discussion pour savoir vivre, savoir comment faire pour bien ou mieux agir. Avec les plus grands, il est possible de profiter de l'occasion pour faire connaitre l'évolution du mot « sage » qui, pour les Grecs de l'Antiquité, voulait dire « savant », mais qui a pris progressivement le sens prioritaire de « obéissant » dans le contexte du Moyen Âge christianisé. – Lors de cette première activité : présentation du carnet de l'apprenti philosophe : petit classeur à deux trous où seront consignées les feuilles numérotées de DVP qui seront complétées par les enfants en classe et, sur une base volontaire, à domicile.

– Écrire au tableau les prénoms des deux frères pour améliorer la compréhension à l'audition du récit : Chukwudi / Obinna.

– L'enseignant lit le conte « 1. Les frères rivaux ».

1-2-3

Vérification de la compréhension du récit, cueillette et reformulation des questions.

Exemples de questions proposées par une classe de 2e primaire d'Annick Perona :

a. Pourquoi n'apprend-il pas par lui-même plutôt que de récolter des papiers qu'il n'utilise pas ?
b. Ne vaut-il pas mieux partager l'intelligence et les savoirs avec les autres plutôt que de le garder pour soi ?
c. Ne pouvait-il pas demander de l'aide à son frère pour devenir plus intelligent plutôt que de faire le tour du monde ?
d. Pourquoi ne va-t-il pas à l'école au lieu de faire le tour du monde inutilement ?
e. Pourquoi n'utilise-t-il pas ses réponses ?
f. Pourquoi n'a-t-il pas appris avec les sages et les scientifiques ?

Exemples de questions proposées par une classe de 3e primaire de Ben Haas :

a. À qui appartient la sagesse ?
b. Est-ce bien de garder une sagesse pour soi ?

Exemples de questions proposées par une classe de 5e primaire d'Émilie Vandermeersch :

a. Pourquoi Chukwudi ne pose-t-il pas ses questions à son frère ?
b. Pourquoi Chukwudi veut-il devenir malin ?
c. Est-ce une bonne idée de cacher ses sagesses ?
d. Pourquoi n'en a-t-il pas fait profiter tout le village ?

4-5

Amorçage de la discussion et élargissement du champ de discussion. Par exemple :

– Pensez-vous qu'Obinna aurait dû partager ce qu'il sait avec Chukwudi ? Pourquoi ?

– Qu'aurait dû faire Chukwudi ?

	– Quand l'instituteur(trice) sait quelque chose, trouvez-vous que c'est mieux ou moins bien qu'il(elle) le fasse partager à la classe ? (élargir au niveau des parents, des anciens, des autres pays...) ? – Comment se transmet le savoir ? – Suffit-il comme Chukwudi de collectionner les savoirs pour savoir ? – Que saurions-nous sans le savoir des autres ? – Que serions-nous sans le savoir des autres ? – Que devons-nous faire pour savoir ?
PROJET DE CONCLUSION (ACTIVITÉ DE SYNTHÈSE)	**6-7-8-9** Production d'une sagesse individuelle, reformulation de celle-ci avant de l'inscrire au tableau, vote et statut de la sagesse du jour de la classe.
	Exemples de sagesses dans la classe de 2e primaire d'Annick Perona :
	• ***Partage le savoir et utilise-le*** (sagesse votée par la classe) • Les livres, les sagesses ne servent à rien si tu ne les lis pas. • Plutôt que de faire le tour du monde et récolter des réponses toutes faites, apprends par toi-même. • Cacher des savoirs n'apporte rien. Va plutôt à l'école. • Si tu veux devenir aussi intelligent que ton frère, demande-lui de l'aide. • Lis et comprends tes leçons : cela peut te rendre plus intelligent. • Va à l'école et apprends, plutôt que de ramasser des morceaux de papiers.
	Exemples de sagesses dans la classe de 3e primaire de Ben Haas :
	• ***Le savoir doit être partagé pour rendre le monde plus intelligent*** (sagesse votée par la classe) • Le savoir appartient à nous tous. • Chacun sait quelque chose. • Quand on sait beaucoup, on est obligé de partager le savoir. • Le savoir n'appartient à personne, même pas à Dieu.

	Exemples de sagesses dans la classe de 5e primaire d'Émilie Vandermeersch :
	• ***Il faut partager son savoir parce que sinon personne ne saurait parler, lire, écrire... En fait, personne ne saurait rien*** (sagesse votée par la classe) • Partage tes connaissances en veillant à ce que l'autre comprenne. • Partage pour pouvoir apprendre aux plus petits et aux plus grands. • Partage tes savoirs tu apprendras plus. • Fais en sorte que l'autre comprenne ce que tu lui apprends. • Partage tes sagesses, c'est bien parce qu'alors on évolue. • Explique à celui qui ne sait rien. • Partage ton savoir-faire pour aider les autres. • Partage ton savoir pour faire évoluer les autres. • Ne dis pas que tu ne sais rien parce que tu sais quand même. • Fais savoir tout ce qui n'est pas un secret en expliquant bien. • Dis tout aux autres pour partager ton savoir. • Il faut apprendre aux autres.
ACTIVITÉ D'INTÉGRATION (PRODUCTION INDIVIDUELLE OU COLLECTIVE)	10 L'enseignant veille au transfert possible de la « Sagesse du jour de la classe » dans le contexte scolaire au cours de l'année.
LIEN AVEC D'AUTRES ACTIVITÉS D'ENSEIGNEMENT (CF. SOCLES DE COMPÉTENCES)	Français : par exemple : – Résumer : restituer les idées de façon condensée ; – Poser des hypothèses, dégager l'explicite et l'implicite ; – Parler-écouter : exprimer sa pensée par la parole et produire du sens en tant qu'émetteur d'un message ; mobiliser son attention pour produire du sens en tant que récepteur d'un message.
PROLONGEMENT ÉVENTUEL	Réfléchir à la phrase de Montaigne : « Plutôt la tête bien faite, que bien pleine » (Montaigne [1595], I, 25) et à la sagesse issue d'un groupe de préparation le 8 mai 2009 : « Mieux vaut se faire expliquer quelque chose qu'on ne comprend pas que de l'apprendre par cœur ».

Disponible sur le DVD

Nom, prénom : .... Date : ....

Discussion à visée philosophique n° 1

DEVONS-NOUS PARTAGER LE SAVOIR ?

Conte n° 1 – Frères rivaux

Nous avons écouté l'histoire de deux frères rivaux, l'un qui s'appelle Obinna et qui connait plein de choses et l'autre qui s'appelle Chukwudi et qui veut lui ressembler mais s'y prend mal : il collectionne des sagesses dans sa cruche et celles-ci finissent par s'envoler.

- **Après la discussion, je rédige ma sagesse du jour :**

....

- **Comme sagesse du jour, la classe a voté en majorité pour la sagesse suivante :**

....

- **Je prolonge ma réflexion.**

Montaigne dit : « plutôt la tête bien faite, que bien pleine » (Montaigne, *Essais* [1595], Livre I, chapitre 25, sur le site http://www.bribes.org/trismegiste/es1ch25.htm). En ancien français : « qui eust plustost la teste bien faicte, que bien pleine ». Que veut-il dire par là ?

....

Que pourrais-je faire pour mieux et plus savoir ?

....

- **J'illustre l'atelier par un dessin, une pensée, un collage... :**

1. Frères rivaux

Dans le delta du Niger, il y avait un village où vivaient deux frères. Chukwudi était le cadet et Obinna son aîné. Le premier était malin, le deuxième pas du tout.

Obinna ne supportait plus l'intelligence de son frère et un jour, il décida de le dépasser en sagesse. Il quitta la maison, prit une cruche et annonça qu'il allait chercher de l'eau au fleuve. Quand le soleil se coucha, il n'était toujours pas revenu et son absence perdurait.

Et pour cause ! Obinna était parti en voyage. Il traversa d'abord l'Europe. Dans chaque ville, il interrogeait les philosophes et leur demandait de noter leurs savoirs sur des petits bouts de papier qu'il récoltait dans sa cruche. Puis, il partit aux Amériques. Là aussi, dans chaque université, il interrogeait les scientifiques, leur demandant de noter leurs connaissances sur d'autres petits papiers avec lesquels il remplissait sa cruche.

Après un tour du monde qui avait bien duré une année, Obinna revint à son village et y fut pris de panique. Il devait coute que coute cacher sa cruche pour qu'elle ne tombât pas entre les mains de son frère !

Près du fleuve se trouvait un grand khaya très feuillu en haut duquel il comptait cacher son trésor. Avec quelques lianes, il fixa la cruche sur son ventre et grimpa dans l'arbre. Il essaya à plusieurs reprises mais tomba chaque fois, car la cruche l'empêchait de bien saisir les branches. Il continua pourtant obstinément ses tentatives. Quand il eut chuté pour la dixième fois, son frère Chukwudi passa par là. Il éclata de rire et lui lança :

– À ta place, j'aurais fixé cette cruche sur le dos plutôt que sur le ventre !

Parce que son frère était encore une fois le plus malin, Obinna arracha furieusement sa cruche et la fracassa contre le tronc de l'arbre. Tous les petits papiers s'envolèrent et le vent les distribua parmi les maisons du village.

– C'est très malin ce que tu fais, mon frère, cria Chukwudi, tout le monde pourra maintenant profiter de tes sagesses.

Questions du philosophe

– À qui appartient la sagesse ?
– Est-ce bien de garder une sagesse pour soi ?
– Devons-nous partager le savoir ?

Discussion à visée philosophique n° 2

DOIT-ON DIRE LA VÉRITÉ ?

ENJEU(X) PHILOSOPHIQUE(S)	***« Quand on a commis une infraction, un délit, une bêtise, doit-on dire la vérité ? »***
OBJECTIF(S) : COGNITIF, CONATIF OU AFFECTIF.	Prendre conscience des conséquences néfastes à ne pas dire la vérité.
COMPÉTENCES SPÉCIFIQUES À ACQUÉRIR	Outre les compétences qu'une DVP permet de faire acquérir, viser principalement à ce que l'élève (C9) juge de la validité d'une règle d'action (dire la vérité) et exprime ses sentiments de remords ou de honte en cas de mensonge (C47).
MATÉRIEL ET SUPPORT	– Jan Lantier, *Contes philosophiques en Afrique*, « 2. L'esclave ». – Tableau ou panneau pour recueillir les questions. – Carnet de l'apprenti philosophe.
DÉROULEMENT DE L'ACTIVITÉ	– L'enseignant lit le conte « 2. L'esclave ». 1-2-3 (Vérification de la compréhension du récit, cueillette et reformulation des questions.)
	Exemples de questions proposées par une classe de 1re primaire d'Anne Hodara :
	a. Qu'est-ce que c'est un esclave ? b. Pourquoi le prince a-t-il voulu boire le vin de palme alors qu'il n'avait pas le droit ? c. Est-ce que c'est mieux de dire la vérité ? d. Est-ce que l'esclave avait le droit de faire ça ? e. Est-ce que le prince a raconté à son père ce que l'esclave lui a fait ? f. Pourquoi l'esclave lui donnait-il des ordres ? g. Quand on a fait une bêtise, est-ce qu'il vaut mieux dire la vérité ?
	Exemples de questions proposées par une classe de 3e primaire de Ben Haas :
	a. Le mensonge fait-il des victimes ? b. La vérité est-elle utile ?

	Exemples de questions proposées par une classe de 4e primaire de Catherine Jeanmart :
	a. Pourquoi dire la vérité ? b. Le mensonge est-il toujours mauvais ? c. La vérité est-elle toujours la voie de la sagesse ? 4-5 (Amorçage de la discussion et élargissement du champ de discussion). Par exemple : – Quelles sont les conséquences pour le prince à cacher la vérité ? – De qui devient-il l'esclave ? – Quand vous faites une bêtise et que vous ne la dites pas, que risquez-vous ? – Vous est-il déjà arrivé de ne pas dire la vérité ? Qu'avez-vous ressenti ? – Comment vos parents (vos amis, votre instituteur(trice)...) ont-ils réagi ? Pourquoi ? – Vous est-il déjà arrivé de préférer dire la vérité ? Qu'avez-vous ressenti ? – Comment vos parents (vos amis, votre instit...) ont-ils réagi ? Pourquoi ? – ... Avec les plus grands, l'enseignant peut, pendant la discussion, reconstruire au tableau un référentiel avec les arguments en faveur de dire la vérité pour éviter ses inconvénients.
PROJET DE CONCLUSION (ACTIVITÉ DE SYNTHÈSE)	**Arguments POUR dire la vérité** Pouvoir « se regarder dans le miroir » (se respecter soi-même) ; Rétablir la confiance des autres ; Rétablir la communication (se libérer de la spirale qui ferait qu'on ne pourrait plus s'arrêter de mentir) ; Avoir la conscience tranquille ; Se soulager, se libérer (du remords, de la honte) ; Avoir le courage de ses opinions, de ses actes ; Ne pas nuire à la réputation d'autrui ; Permettre la communication (si on ne pouvait pas faire confiance à ce qu'on nous dit, rien ne serait vrai...) ...

	6-7-8-9 (Production d'une sagesse individuelle, reformulation de celle-ci avant de l'inscrire au tableau, vote et statut de la sagesse du jour de la classe.)
	Exemples de sagesses dans la classe de 1re primaire d'Anne Hodara :
	• Ne mens pas parce que sinon tu auras honte de toi. • Si tu mens et tu gardes le secret, tu te sentiras mal ; dis la vérité, ce sera mieux. • Si tu fais quelque chose d'interdit, au lieu de le faire, ne le fais pas. • Si tu dis des mensonges, après quelques jours, dis la vérité sinon on ne te croira plus. • Si tu mens, dis-le tout de suite sinon tu vas t'attirer des problèmes. • ***Si tu fais quelque chose d'interdit, il vaut mieux le dire tout de suite et ne pas mentir*** (sagesse élue par la classe) • Si tu sais que tu fais quelque chose d'interdit, demande plutôt si tu peux le faire ou non. • Si tu fais un mensonge, il vaut mieux le garder 2 ou 3 jours et le dire, sinon quelqu'un va le découvrir.
	Exemples de sagesses dans la classe de 3e primaire de Ben Haas :
	• ***Il faut dire la vérité pour rester libre*** (sagesse élue par la classe) • Il ne faut pas tout croire. • Le mensonge est très mauvais. • Parfois notre confiance est abusée. • Le mensonge fait mal.
	Exemples de sagesses dans la classe de 4e primaire de Catherine Jeanmart :
	• Quand on ment, on ne se sent pas bien. • Le mensonge n'est pas une bonne solution. • ***Mieux vaut dire la vérité que se sentir coupable*** (sagesse élue par la classe) • Le mensonge amène le stress et la culpabilité. • Parfois, le mensonge peut être utile même si dire la vérité c'est mieux.

ACTIVITÉ D'INTÉGRATION (PRODUCTION INDIVIDUELLE OU COLLECTIVE)	10 Faire se rappeler aux élèves par écrit deux raisons de ne pas mentir ou d'omettre de dénoncer une de leurs « bêtises ». L'enseignant veille au transfert possible de la « Sagesse du jour de la classe » dans le contexte scolaire au cours de l'année.
LIEN AVEC D'AUTRES ACTIVITÉS D'ENSEIGNEMENT (CF. SOCLES DE COMPÉTENCES)	Mathématique : par exemple : – Résoudre, raisonner et argumenter. – Appliquer et généraliser.
PROLONGEMENT ÉVENTUEL	Réfléchir avec les plus grands à la phrase de Kant : « [le mensonge] nuit toujours à autrui : même si ce n'est pas à un autre homme, c'est à l'humanité en général, puisqu'il disqualifie la source du droit. » (Kant [1797, p. 69]) ; ou faire suivre cette DVP de la DVP n° 7. Réfléchir avec les plus petits au proverbe : « Qui ment trois fois n'est pas cru une » (*Dictionnaire des Proverbes*, M4550).

Nom, prénom : .... Date : ....

Discussion à visée philosophique n°2

DOIT-ON DIRE LA VERITÉ ?

Conte n° 2 – L'esclave

Nous avons écouté l'histoire d'un prince qui enfreint un interdit et qui devient l'esclave de son mensonge. Il finit par dire la vérité et avouer son erreur pour se libérer.

- **Après la discussion, je rédige ma sagesse du jour :**

....

- **Comme sagesse du jour, la classe a voté en majorité pour la sagesse suivante :**

....

- **Quand je vais cacher une bêtise ou mentir, je me rappelle que :**

....

- **J'illustre l'atelier par un dessin, une pensée, un collage... :**

2. L'esclave

Il y a longtemps, le pays africain qu'on appelle aujourd'hui le Bénin portait un autre nom. On l'appelait « la Côte des Esclaves », pour une bonne raison : il y régnait, en ces temps reculés, un roi qui possédait de nombreux esclaves. C'était aussi un roi très sévère. Un jour, il fit condamner à mort un esclave : il avait goûté à son vin de palme, que même la famille royale n'était pas autorisée à consommer.

Le fils du roi connaissait cette interdiction mais désirait ardemment déguster ce vin dont son père chantait les louanges. Une nuit, il se leva et parcourut dans le noir les couloirs du palais pour rejoindre la cuisine où se trouvait le tonneau plein de cette délicieuse boisson. Il se remplit un petit verre et, au moment où il savoura la première gorgée, un des esclaves du roi fit son apparition.

– Je vous ai vu et vous faites une chose interdite par le roi, lui lança l'esclave.

– S'il vous plaît, ne dites rien à mon père, sinon il me tuera, lui répondit le prince tremblant.

– Je suis prêt à mentir mais vous me le payerez cher, répliqua l'esclave d'un air décidé.

– Je ferai tout ce que vous voulez, supplia le prince.

– C'est simple, répondit l'esclave, dorénavant vous m'obéirez en toute chose.

Les mois suivants, le prince se mit à maigrir car l'esclave exigeait ses repas ; il se promena à moitié nu car l'esclave lui réclamait ses plus beaux vêtements ; il perdit le sommeil car il avait cédé son matelas à l'esclave. Le prince ne connut plus le bonheur depuis qu'il était devenu l'esclave de l'esclave.

Quand il n'en put plus, il prit son courage à deux mains et décida de se confier à son père. Il lui dit toute la vérité et fut très surpris de sa réaction :

– Tu as mal agi en buvant mon vin de palme mais je te pardonne parce que tu as arrêté de mentir. Le mensonge est un mal beaucoup plus grand que la désobéissance : il fait de l'homme un esclave.

Le roi condamna l'esclave qui avait fait chanter son fils à une longue peine de prison et le prince fut nommé successeur du roi. En cette qualité, il put désormais consommer le vin de palme du roi.

Questions du philosophe

– Quand on a commis une infraction, un délit, une bêtise, doit-on dire la vérité ?

– La vérité est-elle toujours bonne à dire ?

– Pourquoi abolir l'esclavage ?

Discussion à visée philosophique n° 3

DEVONS-NOUS PRÉSERVER LA NATURE ?

ENJEU(X) PHILOSOPHIQUE(S)	***Devons-nous utiliser ce que la nature nous offre, sans gaspiller ?***
OBJECTIF(S) : COGNITIF, CONATIF OU AFFECTIF.	Apprendre à utiliser ce que nous apporte la nature avec soin et intelligence.
COMPÉTENCES SPÉCIFIQUES À ACQUÉRIR	Outre les compétences qu'une DVP permet de faire acquérir, viser principalement à ce que l'élève se comprenne et se connaisse (C2), exprime son besoin de la nature (C47) et soit sensible à sa destruction (C54).
MATÉRIEL ET SUPPORT	– Jan Lantier, *Contes philosophiques en Afrique*, « 3. Le vol ». – Tableau ou panneau pour recueillir les questions. – Carnet de l'apprenti philosophe.
DÉROULEMENT DE L'ACTIVITÉ	Écrire au tableau les prénoms des protagonistes pour améliorer la compréhension à l'audition du récit : Balotu, Lotulotu et Malima (Pygmées) / Mamule (Bantou). – L'enseignant lit le conte n°3, « Le vol ». **1-2-3** (Vérification de la compréhension du récit, cueillette et reformulation des questions.)
	Exemples de questions proposées par une classe de 2e primaire d'Annick Perona :
	a. Pourquoi l'autre village n'a t-il pas demandé la permission de prendre le feu ? b. Pourquoi n'ont-ils pas demandé comment se servir du feu ? c. Pourquoi voler le feu au lieu de le partager ?
	Exemples de questions proposées par une classe de 4e primaire de Catherine Jeanmart :
	a. Pourquoi le sorcier voulait-il voler le feu ? b. La nature nous aide-t-elle dans nos besoins quotidiens ? c. Doit-on préserver tout ce que la nature nous apporte ?

Exemples de questions proposées par une classe de 1re primaire d'Anne Hodara :

a. C'était quoi les trucs jaunes et rouges ?
b. Pourquoi la femme du Pygmée n'a pas dit ce que c'était ?
c. Est-ce qu'il était jaloux le sorcier ? C'est pour ça qu'il a volé le feu ?
d. Est-ce qu'il n'aurait pas pu demander un petit peu plutôt que de voler ?
e. Pourquoi il n'est pas allé le demander ?
f. Pourquoi il vole quelque chose qu'il ne sait pas utiliser ?
g. Est-ce qu'il veut être comme le roi et être puissant ?
h. Qu'est-ce qu'elle nous donne la nature, à part le feu ?
i. Qu'est-ce qu'il faut faire avec ce que donne la nature ?
j. Est-ce que tout peut être dangereux dans la nature comme dans l'histoire ?

4-5

(Amorçage de la discussion et élargissement du champ de discussion.)

Pour sortir de l'histoire, lister ce que la nature nous offre d'autre que le feu qui nous soit utile et vital : l'eau, l'air, les végétaux et les animaux, les énergies (vent, soleil, eau, pétrole, gaz, bois, charbon).

Lotulotu laisse échapper le feu et Mamule l'utilise mal. Nous arrive-t-il de gaspiller des éléments naturels ou de mal les utiliser ?

Nous cherchons ensemble des actes humains, proches des enfants, qui auraient pour conséquence la disparition des ressources naturelles :

- gaspillage de l'eau (les réserves d'eau potable s'épuisent, les nappes phréatiques sont polluées...) ;
- pollution de l'eau (peinture dans l'égout, par exemple) ➔ épuration de l'eau consommatrice d'énergie qui pollue l'air ;
- consommation d'aliments qui ne sont pas de saison (➔ transport qui nécessite de l'énergie qui pollue l'air) ;
- pollution de l'air par l'incinération des déchets ;
- pollution de l'air par l'usage de la voiture (on diminuerait la quantité de pollution par le covoiturage ou l'usage des transports en commun) ;
- gaspillage du papier (même si le « bois » est renouvelable et le papier recyclable, danger de la déforestation) ;
- consommation inutile d'énergie (pétrole, gaz, charbon, ne sont pas des énergies renouvelables) ;
- ...

PROJET DE CONCLUSION (ACTIVITÉ DE SYNTHÈSE)	**6-7-8-9** (Production d'une sagesse individuelle, reformulation de celle-ci avant de l'inscrire au tableau, vote et statut de la sagesse du jour de la classe.)
	Exemples de sagesses dans la classe de 2e primaire d'Annick Perona :
	• Il faudrait partager le feu et l'eau. • Partageons les ressources naturelles. • Au lieu de voler, demande la permission : on te dira peut-être oui. • Tu devrais demander la permission au lieu de voler et surtout savoir comment se servir de ce que tu voles. ***• Tu devrais partager l'eau, le feu, l'air au lieu de les voler car c'est à tout le monde. Fais-y attention, c'est précieux*** (sagesse votée par la classe) • Tu devrais demander le feu au lieu de le voler. • Il vaut mieux donner et partager les ressources naturelles, elles sont à tout le monde.
	Exemples de sagesses dans la classe de 4e primaire de Catherine Jeanmart :
	• Si on maltraite la nature, elle nous le rendra. • Ne maltraite pas la nature car elle nous aide. • La nature nous apporte des choses essentielles, à nous de bien les utiliser. • Ne pollue pas puisque la nature nous aide. • Soyons responsables de la nature ! ***• Faisons attention à la nature, sans elle nous aurions du mal à vivre*** (sagesse votée par la classe)
	Exemples de sagesses dans la classe de 1re primaire d'Anne Hodara :
	• Quand tu as un papier à jeter, ne pollue pas la terre et jette-le à la poubelle. • Ne jette pas un papier par terre, sinon ça pollue encore plus. ***• Ne gaspille pas le papier, sinon il n'y aura bientôt plus d'arbres*** (sagesse votée par la classe) • Ne vole jamais quelque chose, surtout quand tu ne sais pas à quoi ça sert. • Quand tu sors d'une pièce, n'oublie pas d'éteindre sinon tu gaspilles l'électricité. • Ne vole pas, demande plutôt si tu peux le prendre. • Si tu veux prendre quelque chose, demande à quelqu'un de te le prêter. • Si tu veux quelque chose, demande à quelqu'un, sinon tu vas faire une grosse bêtise.

ACTIVITÉ D'INTÉGRATION (PRODUCTION INDIVIDUELLE OU COLLECTIVE)	10 L'enseignant fait réfléchir l'élève au comportement qu'il pourrait adopter pour sauvegarder la nature. Il veille au transfert possible de la « Sagesse du jour de la classe » dans le contexte scolaire au cours de l'année.
LIEN AVEC D'AUTRES ACTIVITÉS D'ENSEIGNEMENT (CF. SOCLES DE COMPÉTENCES)	Éveil – Initiation scientifique. Par exemple : Les hommes et l'environnement.
PROLONGEMENT ÉVENTUEL	

Nom, prénom : .... Date : ....

Discussion à visée philosophique n°3

DEVONS-NOUS PRÉSERVER LA NATURE ?

Conte n° 3 – Le vol

Nous avons écouté l'histoire de Pygmées qui avaient découvert le feu et qui, par négligence, en avaient été privés. On s'est demandé si d'autres ressources naturelles pourraient s'éteindre si nous n'y prenons garde.

- **Après la discussion, je rédige ma sagesse du jour :**

....

- **Comme sagesse du jour, la classe a voté en majorité pour la sagesse suivante :**

....

- **Que pourrais-je faire pour sauvegarder ce que la nature nous apporte de vital ?**

....

- **J'illustre l'atelier par un dessin, une pensée, un collage... :**

3. Le vol

Balotu était parti à la chasse dans la forêt. Il avait déjà tué un lapin, quand il fut surpris par un orage comme il n'en avait jamais connu de sa vie de Pygmée. Le fracas du tonnerre le fit trembler et il se cacha dans une petite grotte. Depuis son refuge, il vit comment l'éclair frappa un grand caoutchoutier. La foudre scinda l'arbre en deux et, tout à coup, des choses rouges et jaunes sortirent du bois près du tronc. Balotu n'avait jamais vu une chose pareille.

Quand l'orage fut passé, le Pygmée jeta le lapin sur son épaule, sortit de sa cachette et s'approcha du tronc. Les choses rouges et jaunes dansaient toujours sur le bois et réchauffaient Balotu, qui appréciait cette chaleur car l'orage avait jeté un froid dans la forêt. En touchant les choses dansantes, le Pygmée se fit mal, retira brusquement sa main, ce qui propulsa le lapin parmi les choses rouges et jaunes. Quand il voulut récupérer le produit de sa chasse, il constata qu'une odeur agréable émanait de l'animal. Il chercha une longue branche avec laquelle il dégagea le lapin du tronc. Il attendit un moment, de peur de se refaire mal et ensuite le mangea. Ce lapin avait bien meilleur goût que d'habitude ! Balotu avait découvert quelque chose d'extraordinaire. Quelque chose qui le réchauffait et qui donnait plus de saveur à son repas.

Il rentra chez lui, prit un vieux bassin ainsi qu'une pelle et retourna au caoutchoutier. Avec beaucoup de difficultés, il réussit à glisser une partie des choses rouges et jaunes dans le récipient et les ramena à sa case où il dit à sa femme :

– Dorénavant, tu feras toujours la cuisine en utilisant ces choses rouges et jaunes dansantes.

– Tu n'as pas un mot plus court pour parler de choses rouges et jaunes dansantes ?, demanda Malima.

– Si. Dorénavant, nous parlerons de feu, lui répondit son mari.

Pendant que Malima préparait le repas du soir sur le feu, de bonnes odeurs se répandirent dans toute la forêt. Très curieux, les autres Pygmées s'approchèrent de la case de Balotu pour comprendre d'où venaient ces effluves. Le mari de Malima leur expliqua comment il avait découvert le feu et quelles en étaient les qualités. Très étonnés, ils lui demandèrent quelques flammes pour chacun d'eux.

– Je suis d'accord, mais à une condition, leur répondit Balotu. Au milieu du village, nous installerons un âtre avec le feu. Chacun pourra venir en prendre une partie, mais chacun y montera aussi la garde. Il faut veiller sur le feu, jour et nuit, pour éviter qu'il ne s'éteigne.

Tous les Pygmées approuvèrent.

Une nuit, ce fut au tour de Lotulotu, le fils cadet de Balotu, de veiller sur les flammes. Vers cinq heures du matin, il s'endormit et quand il se réveilla deux heures plus tard, le feu avait disparu. Il courut à la case de ses parents et avoua à son père ce qui était arrivé. Ce dernier lui donna une bonne paire de claques et lui ordonna de réveiller tous les hommes du village pour partir tous azimuts à la recherche du feu perdu.

Balotu, lui, courut en direction de la grande clairière où se trouvait le village des Bantous. De loin, il sentit des odeurs inconnues et quand il s'approcha de la lisière du bois, il vit que le village était en flammes.

Mamule, le sorcier des Bantous, avait volé le feu des Pygmées mais, ne sachant pas comment le manipuler, il l'avait fait tomber dans sa case. Celle-ci avait immédiatement pris l'allure d'une torche et les flammes s'étaient propagées au reste du village, qui se consumait devant les yeux ébahis du Pygmée.

Comme les Bantous s'étaient tous sauvés, Balotu se dit qu'il pouvait s'aventurer dans leur village afin de récupérer un peu de feu. Mais, à ce moment, un nouvel orage éclata et éteignit toutes les flammes.

Il n'y eut plus de feu, ni pour les Pygmées, ni pour les Bantous. Il n'y eut plus de feu pour personne.

Questions du philosophe

– Devons-nous préserver la nature ?
– Faut-il partager le feu ?
– Pourquoi dit-on qu'il ne faut pas jouer avec le feu ?

Discussion à visée philosophique n° 4

VENGEANCE OU JUSTICE ?

ENJEU(X) PHILOSOPHIQUE(S)	***Œil pour œil et dent pour dent, une solution aux conflits ?***
OBJECTIF(S) : COGNITIF, CONATIF OU AFFECTIF.	Faire découvrir qu'une justice impartiale évite que chacun défende lui-même ses intérêts et relance la spirale de la violence.
COMPÉTENCES SPÉCIFIQUES À ACQUÉRIR	Outre les compétences qu'une DVP permet de faire acquérir, viser principalement à ce que l'élève hiérarchise deux normes d'action (C5) – vengeance ou justice –, veuille résoudre les conflits par la négociation (C33), ne craigne pas les autres (C43), exprime ses émotions (C47) et les maitrise (C48).
MATÉRIEL ET SUPPORT	– Jan Lantier, *Contes philosophiques en Afrique*, « 4. Deux régimes de dattes ». – Éventuellement, l'image d'un régime de dattes : 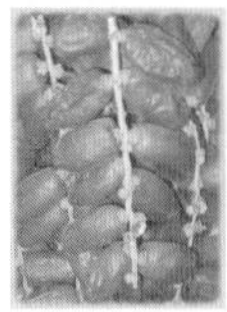 Source : http://www.rezobio.com/static/documents/liste_aliments/DattesDegletNourdeBIODATTESAlgerie.jpg – Tableau ou panneau pour recueillir les questions. – Carnet de l'apprenti philosophe.
DÉROULEMENT DE L'ACTIVITÉ	Expliquer l'expression « régime de dattes » (Petit *Robert* : ensemble des fruits de certaines plantes réunis en grappe volumineuse. Exemples : *régime de bananes, de dattes*). – L'enseignant lit le conte « 4. Deux régimes de dattes ». **1-2-3** (Vérification de la compréhension du récit, cueillette et reformulation des questions.)
	Exemples de questions proposées lors de l'animation d'une 3e primaire par Claudine Leleux dans la classe de Catherine Jeanmart :
	a. Pourquoi le marchand a-t-il égorgé le chien ? b. Pourquoi font-ils la paix à la fin ? c. Pourquoi le chasseur et le marchand ont-ils fait la guerre ?

	4-5 (Amorçage de la discussion et élargissement du champ de discussion) : cerner le concept de « vengeance » (œil pour œil, dent pour dent) ; faire apparaitre la nécessité d'un médiateur (souvent adulte) pour casser la spirale de la vengeance ; montrer que cette fonction de médiation est assurée dans notre société par la justice, le juge ; retrouver les caractéristiques du symbole de la justice (cf. fiche de l'élève). – Vous est-il déjà arrivé de rendre coup pour coup (insulte, méchanceté...) ? – Que s'est-il passé ensuite ? – Comment sortir de la spirale, de l'engrenage, du « œil pour œil » ? – Que veut dire « se venger » ? (faire justice soi-même) – Avez-vous déjà ressenti un « désir de vengeance » ? – Avez-vous pu maîtriser ce désir ? Pourquoi l'avoir maîtrisé ? – Quelle différence faire entre « vengeance » et « justice » ? (la justice est rendue par un juge, impartial, extérieur au conflit, selon des règles, des lois, valables pour tous) – Pourquoi demandons-nous à un juge, une personne extérieure au conflit de juger ? (éviter de faire du tort à un innocent, priver quelqu'un d'un droit lorsqu'il a manqué à son devoir, ne pas céder à l'émotion, à la colère, se mettre sous le joug du jugement...) – ...
PROJET DE CONCLUSION (ACTIVITÉ DE SYNTHÈSE)	**6-7-8-9** (Production d'une sagesse individuelle, reformulation de celle-ci avant de l'inscrire au tableau, vote et statut de la sagesse du jour de la classe.)
	Exemples de sagesses recueillies par Claudine Leleux dans la classe de 3e primaire de Catherine Jeanmart :
	• Pense à ce que tu fais avant de le faire (3 voix). • Calmez-vous, faites plutôt la paix (7 voix). • Assez disputés ! Faisons la paix (1 voix). • ***N'entrons pas dans la bataille, soyons amis*** (9 voix) (sagesse votée par la classe)

ACTIVITÉ D'INTÉGRATION (PRODUCTION INDIVIDUELLE OU COLLECTIVE)	10 Faire réfléchir l'élève par écrit à ce qu'il pourrait bien faire pour arrêter la spirale de la vengeance. L'enseignant veille au transfert possible de la « Sagesse du jour de la classe » dans le contexte scolaire au cours de l'année.
LIEN AVEC D'AUTRES ACTIVITÉS D'ENSEIGNEMENT (CF. SOCLES DE COMPÉTENCES)	Français : par exemple : – Résumer : restituer les idées de façon condensée ; – Poser des hypothèses, dégager l'explicite et l'implicite ; – Parler-écouter : exprimer sa pensée par la parole et produire du sens en tant qu'émetteur d'un message ; mobiliser son attention pour produire du sens en tant que récepteur d'un message.
PROLONGEMENT ÉVENTUEL	

Nom, prénom : .... Date : ....

Discussion à visée philosophique n°4

VENGEANCE OU JUSTICE ?

Conte n° 4 – Deux régimes de dattes

Nous avons écouté l'histoire d'animaux et de personnes qui réagissent à chaque fois par la vengeance et rendent coup pour coup dans une spirale infernale, avant de comprendre qu'il vaut mieux faire la paix.

- **Nous avons vu que « se venger », c'est vouloir faire soi-même la justice. La justice, au contraire, est rendue par un juge, impartial, extérieur au conflit, selon des règles, des lois, valables pour tous, pour éviter de faire du tort à un innocent en cédant à l'émotion, à la colère. Faire justice, c'est priver quelqu'un d'un droit lorsqu'il a manqué à son devoir.**

Le symbole de la justice : les yeux bandés pour ne pas être partial, la sanction (le glaive) est la même pour tous (la balance).

Source : http://mouvementdemocrate.ca/blog/?p=245

- **Après la discussion, je rédige ma sagesse du jour :**

....

- **Comme sagesse du jour, la classe a voté en majorité pour la sagesse suivante :**

....

- **Lorsque je suis en conflit avec un condisciple, un parent, un ami... que puis-je faire pour arrêter la spirale du « œil pour œil, dent pour dent » ?**

....

- **J'illustre l'atelier par un dessin, une pensée, un collage... :**

4. Deux régimes de dattes

Chassant avec son chien dans le désert, un chasseur passa devant un palmier d'où était tombé un grand régime de dattes. Il prit les fruits sur l'épaule et se dirigea vers le village le plus proche pour les vendre. Il ne fut pas difficile de trouver un marchand qui lui offrit un bon prix pour sa récolte providentielle sur quoi, le chasseur plongea son poignard dans le cœur du marchand.

Le chasseur et le marchand appartenaient à deux villages différents. Lorsque leurs voisins respectifs apprirent ce qui était arrivé, ils s'armèrent et se firent la guerre. Un clan était dirigé par le frère du chasseur,

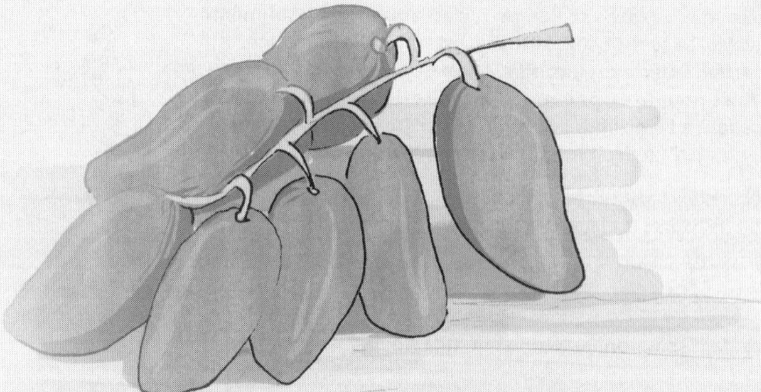

mais, au moment où le marché allait se conclure, un fruit se détacha du régime et un oiseau se jeta aussitôt sur la datte. Le chat du marchand n'hésita pas et tua l'oiseau. Le chien du chasseur n'hésita pas non plus et tua le chat. Le marchand sortit son couteau et égorgea le chien,

l'autre par le frère du marchand. Quand tous les villageois furent tombés sur le champ de bataille, les deux chefs continuèrent seuls leur duel acharné.

À un moment, le frère du marchand poussa le frère du chasseur contre un palmier. Le choc fit tomber un régime de dattes devant les pieds des combattants surpris. Le frère du chasseur jeta son arme, saisit le régime et le tendit à son ennemi en disant :

– Voici, je t'offre ces dattes.

Le frère du marchand se débarrassa également de son arme et appelant son chien il répondit :

– Voici, je t'offre mon chien.

Questions du philosophe

– « Œil pour œil, dent pour dent » est un proverbe souvent appliqué dans le monde. Comment sortir de cette logique infernale ?

Discussion à visée philosophique n° 5

QU'EST-CE QU'ÊTRE JUSTE ?

ENJEU(X) PHILOSOPHIQUE(S)	***Qu'est-ce qu'être juste ? Redistribuer la même chose à chacun (conception libérale) ou redistribuer plus à ceux qui ont moins (conception social-démocrate) ?***
OBJECTIF(S) : COGNITIF, CONATIF OU AFFECTIF.	Faire découvrir plusieurs conceptions de la justice (sociale) et amener les enfants à en privilégier provisoirement une.
COMPÉTENCES SPÉCIFIQUES À ACQUÉRIR	Outre les compétences qu'une DVP permet de faire acquérir, viser principalement à ce que l'élève hiérarchise deux conceptions de la justice (C5) et comprenne les raisons d'être solidaire (C45).
MATÉRIEL ET SUPPORT	– Jan Lantier, *Contes philosophiques en Afrique*, « 5. La juste égalité ». – Tableau ou panneau pour recueillir les questions. – Carnet de l'apprenti philosophe.
DÉROULEMENT DE L'ACTIVITÉ (EN 6e PRIMAIRE : VOIR DVD EN ANNEXE)	Écrire au tableau les prénoms des protagonistes pour améliorer la compréhension à l'audition du récit : Baax, Dof et Dëgg. – L'enseignant lit le conte n° 5, « La juste égalité ». 1-2-3 (Vérification de la compréhension du récit, cueillette et reformulation des questions.)
	Exemples de questions proposées par une classe de 2e primaire d'Annick Perona :
	a. Pourquoi le fou est-il mécontent ? b. Pourquoi les pauvres sont-ils mécontents ? c. Le roi ne sait-il pas que tous les gens de son royaume n'ont pas tous la même chose au départ ? d. Pourquoi le roi n'a-t-il pas eu l'idée lui-même ?
	Exemples de questions proposées par une classe de stage de 6e primaire de Sophie Fiévez :
	a. Est-ce que le dernier partage de Baax est égal ? b. Pourquoi, au début, le partage n'est-il pas égal aux yeux des villageois ? c. Comment faire durer l'égalité ? d. L'égalité est-elle vraiment là partout ? e. L'égalité est-elle toujours juste ? f. C'est quoi l'égalité ? g. Pourquoi les gens riches ne donnent pas ?

Exemples de questions recueillies par Claudine Leleux dans la classe de 5e/6e primaire de Maud Delepière :

a. Pourquoi Baax est-il injuste ?
b. Pourquoi Dof rouspète-t-il ?
c. Pourquoi Baax donne-t-il une vache à chacun ?

4

(Amorçage de la discussion.)
NB : L'enseignant peut, par exemple, partir de la 3e question dans la classe de Maud Delepière : « Pourquoi Baax donne-t-il une vache à chacun ? » pour faire réfléchir la classe sur la question de la justice (sociale) et de la redistribution.

5

(Élargissement du champ de discussion.)

- Est-ce que vous trouvez juste de donner aux autres votre surplus, comme le roi Baax ? (en classe, cette question a donné naissance à une clarification entre donner son surplus et être généreux).
- Connaissez-vous des exemples dans la vie de tous les jours où nous donnons notre surplus à d'autres ? (élargir le point de vue, généraliser jusqu'au point d'introduire la notion de sécurité sociale : ceux qui travaillent cotisent pour alimenter un fonds pour ceux qui ne travaillent pas, par exemple les enfants, les chômeurs, les malades, les pensionnés.) Introduire l'expression « donner plus à ceux qui ont le moins ». Inscrire l'expression « sécurité sociale » au TN et les quatre grandes rubriques (AMI, chômage, allocations familiales, pensions).

Pour faire discuter du choix entre deux conceptions, revenir à l'histoire et aux questions des enfants :

- Que reproche Dof au roi Baax ?
- Dof est-il le seul à penser cela ?
- Finalement que dit le sage ?
- Donner la même chose à tous, est-ce juste pour le sage ?
- Pour vous ?
- Quelles sont les deux conceptions de la justice dans le conte ?
- À laquelle donnez-vous votre préférence et pourquoi ?

Pour sortir de l'histoire et faire réfléchir les enfants sur la justice dans leur quotidien, introduire un dilemme :

	Imaginez une situation de classe : *Jean est fort en math mais n'aime absolument pas travailler tout seul. Il demande à son instit. de venir l'aider. Celle-ci est occupée à expliquer l'exercice de math à Pierre qui, lui, est faible en math. Que doit faire l'instit. pour être juste ? Donner le même temps à Jean et à Pierre ou donner plus de temps à Pierre ? Pourquoi ?* (dans la discussion, les enfants qui se sont exprimés voulaient que l'instit. se partage entre Jean et Pierre mais semblaient d'accord avec le fait que l'instit. accorde plus de temps à Pierre parce qu'il en avait plus besoin). – Quelqu'un sait-il comment nous appelons cette conception de la justice qui considère qu'il faut donner plus à ceux qui en ont le moins ? (« discrimination positive ») – Connaissez-vous des exemples de la vie de tous les jours de discrimination positive ? (bourses d'études, écoles en D+...) ?
PROJET DE CONCLUSION (ACTIVITÉ DE SYNTHÈSE)	**6-7-8-9** (Production d'une sagesse individuelle, reformulation de celle-ci avant de l'inscrire au tableau, vote et statut de la sagesse du jour de la classe.)
	Exemples de sagesses recueillies par Claudine Leleux dans la classe de 5e/6e primaire de Maud Delepière :
	• L'habit ne fait pas le moine. Ce n'est pas parce que quelqu'un a moins de choses qu'il faut lui en donner plus (4 voix) • Après la distribution, tout le monde doit avoir la même quantité (10 voix) • Il faut donner plus et moins selon ce que les personnes ont déjà (8 voix) • Il faut être juste et égal de manière à contenter tout le monde (7 voix) • Pour être juste, il faut donner plus à ceux qui ont le moins et moins à ceux qui ont le plus (13 voix) – (5 voix) • Pour rendre les gens égaux, il faut donner plus à ceux qui ont le moins et moins à ceux qui ont le plus (4 voix) • ***Ne crois pas que ce soit injuste de recevoir moins quand tu as plus*** (13 voix) – (14 voix) (sagesse votée par la classe après le 2e vote sur les sagesses ex æquo).

	Exemples de sagesses dans la classe de stage de 6e primaire de Sophie Fiévez :
	L'égalité, c'est utiliser ses ressources intelligemment (3 voix) ***Pour être égal, donnons plus à ceux qui ont moins et moins à ceux qui ont plus*** (16 voix) (Sagesse votée par la classe). L'égalité compte pour tous (12 voix) Pour que l'égalité perdure, faisons tous un effort (3 voix) Sache qu'il ne faut pas être égoïste mais partageons pour que l'égalité soit toujours présente (13 voix) Partage ce que tu reçois (11 voix) Pour être juste, ne te crois pas supérieur (15 voix)
	Exemples de sagesses dans la classe de 2e primaire d'Annick Perona :
	Il faudrait que tous les hommes aient les mêmes choses. Celui qui a le moins au départ devrait recevoir plus pour que tout le monde ait la même chose à la fin. Si j'ai 1 bonbon et mon cousin 2 et si on en reçoit chacun encore 2, ce n'est pas juste car on n'a pas le même nombre de bonbons. On ne peut pas donner la même chose à tout le monde car au début, tout le monde n'a pas la même chose. Il serait juste qu'à la fin des distributions, tout le monde ait la même chose. Il est juste de ne pas recevoir la même chose pour qu'à la fin, chacun ait la même chose. Si le roi Baax a 3 terres et le roi Francis 2 terres, il faut donner 1 terre au roi Francis pour qu'ils aient la même chose : Ne donne pas la même chose pour qu'à la fin chacun ait la même chose. ***C'est juste de ne pas donner la même chose pour qu'à la fin tout le monde ait la même chose*** (sagesse votée par la classe).

ACTIVITÉ D'INTÉGRATION (PRODUCTION INDIVIDUELLE OU COLLECTIVE)	10 Activité d'intégration réalisée en 6ᵉ primaire dans la classe de Maud Delepière : Introduction : un penseur américain célèbre, qui s'appelle John Rawls, a écrit un gros livre sur la justice. Dans ce livre, il nous dit que pour vraiment savoir ce qu'est être juste, il faudrait se mettre sous « voile d'ignorance », c'est-à-dire se mettre en situation de ne pas savoir si on est un garçon ou une fille, si on habite en Belgique ou en Afrique, si on est riche ou pauvre... et puis de voir si notre principe de justice est valable en toutes circonstances. Voir au carnet de l'apprenti philosophe la liste des conceptions de la justice (p. 59). Consigne : choisis parmi les différentes conceptions de la justice, celle qui te parait la plus valable et entoure son numéro. Réfléchis bien avant de choisir parce que, après, nous allons tirer au sort ton « destin » dans le monde et tu devras confronter ton sort et ta conception de la justice. L'enseignant place les bandelettes dans un chapeau et fait tirer à tous les enfants un « destin » (voir bandelettes ci-dessous). Un tour de table est opéré : les enfants doivent confronter leur choix de justice et le sort qui leur a été réservé et dire s'ils sont ou non satisfaits de leur choix et pourquoi ?
PROLONGEMENT ÉVENTUEL	

Enfant d'une ménagère non diplômée	Enfant d'un immigré ouvrier non qualifié
Enfant d'un commerçant	Enfant d'un artiste peintre
Enfant d'une Iranienne réfugiée politique en Belgique	Enfant d'un cadre ingénieur au chômage
Enfant d'une avocate	Enfant d'un ouvrier qualifié
Enfant d'un facteur diplômé du secondaire	Enfant d'un rentier
Enfant du principal actionnaire d'une entreprise	Enfant d'une employée de banque
Enfant d'un sans-abri	Enfant d'une institutrice

Nom, prénom :.............................. Date : ....

Discussion à visée philosophique n°5

QU'EST-CE QU'ÊTRE JUSTE ?

Conte n° 5 – La juste égalité

Nous avons écouté l'histoire d'un roi qui pensait être juste parce qu'il donnait la même chose à chacun. Un fou, son peuple et puis un sage, ont fait valoir une autre conception de la justice, celle de donner plus à ceux qui ont le moins (discrimination positive).

- **Après la discussion, je rédige ma sagesse du jour :**

....

- **Comme sagesse du jour, la classe a voté en majorité pour la sagesse suivante :**

....

- **John Rawls est un philosophe américain (1921 – 2002) qui a écrit une *Théorie de la justice* en 1971. Il nous dit que pour déterminer une conception de la justice, il faut nous mettre sous un « voile d'ignorance » : j'oublie que je suis garçon ou fille, européen ou africain, jeune ou vieux, en bonne santé ou malade... et, dans la liste suivante, <u>j'entoure le numéro</u> de la conception de la justice qui me semble la plus valable.**

01. Il faut donner strictement la même chose à tous.
02. Il faut donner le plus au plus fort physiquement.
03. Il faut prendre la richesse de tous pour la distribuer à quelques-uns.
04. Si on donne plus à quelques-uns, Il faut distribuer une compensation à tous les autres.
05. Il faut donner le plus au plus diplômé.
06. Il faut donner le plus aux hommes blancs de peau.
07. Plus on est riche, plus il faut recevoir.
08. Plus on est pauvre, plus il faut recevoir.
09. Il faut donner la même chose à tous au départ – égalité des chances.
10. Il faut donner à tous un même revenu minimum de base.

- **J'écris ici le sort qui m'a été réservé :**

....

- **Je confronte ma conception de la justice et le sort qui m'a été réservé. Serais-je satisfait ? Oui/Non ? Pourquoi ?**

....

....

- **J'illustre l'atelier par un dessin, une pensée, un collage... :**

Disponible sur le DVD

5. La juste égalité

Le roi Baax régnait sur le Boal, une région du Sénégal. On l'appelait Baax parce qu'en wolof, la langue de cette région, cela veut dire « gentil ».

Le roi Baax était en effet très gentil. Il possédait un grand cheptel et quand celui-ci devint trop grand, il offrit un bovin à chacun de ses ressortissants. Tout le monde était content sauf Dof, qu'on appelait ainsi car en wolof ce nom veut dire « fou ». Dof n'était pas satisfait et rouspéta :

– Ce n'est pas juste de donner à chacun la même chose, cria-t-il.

– C'est au contraire très juste de donner une part égale à chacun, lui répondit le roi, en ajoutant : tu n'es qu'un vieux rouspéteur fou.

Chacun retourna à ses besognes et laissa Dof ronchonner dans son coin.

Cinq ans plus tard, le cheptel avait triplé et le roi Baax fit à nouveau don d'un veau ou d'une vache à chaque habitant de la région. Tout le monde était content sauf les pauvres du Boal. Ils suivirent l'exemple de Dof et protestèrent :

– Ce n'est pas juste de donner une bête à chacun, crièrent-ils.

– Assez ! Au nom de l'égalité de tous, je donne un bovin à chaque habitant, leur répondit le roi.

Cinq ans après, le cheptel royal s'était une fois de plus développé à un point tel que le roi Baax envisagea une troisième distribution. Mais, avant de franchir ce pas, il fit venir Dëgg, le sage du royaume, dont le nom veut dire « vérité ». Il lui dit :

– Tous les cinq ans, je distribue un bovin à chacun de mes ressortissants, mais chaque fois il y en a plus qui s'insurgent. Comment expliquez-vous cela et que dois-je faire pour éviter ces réprobations ?

Au grand étonnement du roi, Dëgg lui répondit :

– Sire, les protestataires ont raison. Vos distributions de bétail ne respectent point l'égalité car vos ressortissants ne sont pas égaux. Au nom de l'égalité, vous devez accorder une vache à celui qui en possède déjà trois et offrir trois vaches à celui qui n'en possède qu'une.

Le roi suivit le conseil de son sage et Baax redevint un roi gentil aux yeux de tous ses compatriotes.

Questions du philosophe

– Qu'est-ce qu'être juste ? Redistribuer la même chose à chacun ou redistribuer plus à ceux qui ont moins ?

– Avez-vous déjà entendu parler de « discrimination positive » ? Quel exemple en donne ce conte ?

– Les « fous » comme Dof disent-ils parfois la vérité ?

Discussion à visée philosophique n° 6

L'ARGENT FAIT-IL LE BONHEUR ?

ENJEU(X) PHILOSOPHIQUE(S)	***L'argent ne fait pas le bonheur. Ou bien : Trouver le bonheur en faisant le bien (à la manière des « Justes »).*** NB : le conte peut aussi être utilisé pour réfléchir à la réinsertion des criminels.
OBJECTIF(S) : COGNITIF, CONATIF OU AFFECTIF.	Faire découvrir que l'appropriation de richesses, surtout si elle est illicite, ne procure pas le bonheur et que le « Juste » peut être heureux.
COMPÉTENCES SPÉCIFIQUES À ACQUÉRIR	Outre les compétences qu'une DVP permet de faire acquérir, viser principalement à ce que l'élève hiérarchise deux modes de vie (C5) et comprenne le bienfait de se soucier des autres (C44) et d'être solidaire (C45).
MATÉRIEL ET SUPPORT	– Jan Lantier, *Contes philosophiques en Afrique*, « 6. À la recherche du bonheur ». – Tableau ou panneau pour recueillir les questions. – Carnet de l'apprenti philosophe.
DÉROULEMENT DE L'ACTIVITÉ	Écrire au tableau le prénom du « héros » pour améliorer la compréhension à l'audition du récit : Kamma. – L'enseignant lit le conte « 6. À la recherche du bonheur ». **1-2-3** (Vérification de la compréhension du récit, cueillette et reformulation des questions.)
	Exemples de questions proposées par une classe de 3e primaire lors du stage de Julie Diaz Gonzalez :
	a. Pourquoi Kamma vole-t-il ? b. Pourquoi Kamma est-il malheureux ? c. Pourquoi Kamma est-il heureux à la fin ? d. Pourquoi Kamma n'a-t-il pas rendu ce qu'il a volé ?
	Exemples de questions proposées par une classe de 4e primaire lors du stage d'Anja Dziadek :
	a. Pourquoi Kamma a-t-il fait du mal aux autres ? b. Pourquoi Kamma a-t-il aidé les gens à la fin de l'histoire ? c. Est-ce que la famille est contente avec les bijoux ?

	Exemples de questions proposées par une classe de 3e primaire lors du stage de Stéphanie Zanter :
	a. Pourquoi sont-ils pauvres ? b. Pourquoi Kamma agit-il ainsi ? c. Pourquoi Kamma volait-il ? d. Pourquoi Kamma n'est-il pas heureux ? e. Pourquoi Kamma a-t-il fait ces cadeaux ? **4-5** (Amorçage de la discussion et élargissement du champ de discussion.) – Bien que Kamma ait amassé beaucoup de richesses, est-il heureux ? – Qu'est-ce qui finalement le rend heureux ? – Vous est-il déjà arrivé, comme à Kamma, de vous sentir heureux parce que vous aviez fait du bien à quelqu'un, en lui donnant quelque chose ou en l'aidant ? Imaginez la situation suivante : *Carine s'ennuie. Nadia lui propose d'aller faire les boutiques pour s'acheter des fringues tandis que Sophie lui propose d'écouter quelques disques. Que devrait faire Carine pour se sentir bien ? Pourquoi ?* Lire la très courte philo-fable : *« Il y avait un homme très riche. Il y avait un homme très pauvre. Chacun d'eux avait un fils et chacun d'eux vivait de part et d'autre d'une grande colline. Un jour, l'homme très riche fit monter son fils au sommet de la colline et, embrassant tout le paysage d'un grand geste du bras, il lui dit :* *– Regarde, bientôt tout cela sera à toi !* *Au même instant, l'homme très pauvre fit monter son fils sur l'autre versant de la colline et, devant le soleil levant qui illuminait la plaine, il lui dit simplement :* *– Regarde ! »* (Source : Michel Piquemal et Philippe Lagautrière [2003, p. 134].) – Que veut dire le premier père à son fils ? Le second père ? – Selon vous, qui sera le plus heureux des deux fils ? Pourquoi ?
PROJET DE CONCLUSION (ACTIVITÉ DE SYNTHÈSE)	**6-7-8-9** (Production d'une sagesse individuelle, reformulation de celle-ci avant de l'inscrire au tableau, vote et statut de la sagesse du jour de la classe.)

	Exemples de sagesses produites par classe de 3e primaire lors du stage de Julie Diaz Gonzalez :
	• Pour être heureux, il faut arrêter de voler (2 voix) • Pour ne plus être malheureux, il doit rendre ce qu'il a volé et s'excuser auprès des personnes (5 voix) • Rendre ce que l'on a volé pour que les personnes soient contentes (6 voix) • Rendre ce que l'on a volé pour ne pas avoir de problèmes (5 voix) • Rends ce que tu as volé pour ne pas que j'appelle la police (7 voix) ***• Que ceux qui ont de l'argent partagent avec les pauvres*** (16 voix) (sagesse votée par la classe)
	Exemples de sagesses dans la classe de 4e primaire lors du stage d'Anja Dziadek :
	• Partagez ! (7 voix) • Ne pas voler parce que cela rend malheureux (10 voix) ***• Essaie de faire le bien et de réparer le mal*** (18 voix) (sagesse votée par la classe).
	Exemples de sagesses dans la classe de 3e primaire lors du stage de Stéphanie Zanter :
	• Ne pas voler ! (7 voix) • Soyez gentils si vous voulez garder vos amis ! (9 voix) ***• Si tu es riche, partage !*** (10 voix) (Sagesse votée par la classe). • N'achetez pas vos amis ! (3 voix)
ACTIVITÉ D'INTÉGRATION (PRODUCTION INDIVIDUELLE OU COLLECTIVE)	Dans le carnet de l'apprenti philosophe, les élèves listent les bonheurs gratuits qu'ils pourraient rechercher. Par exemple : retrouver ses grands-parents ; lire un livre ; sentir la pluie sur soi ; écouter le bruit de la mer ; écouter un disque ; marcher dans le sable ; respirer l'air frais de la montagne ; écouter le chant des oiseaux ; dormir dans l'herbe ; se mettre au soleil ; rechercher le sourire de quelqu'un ; jouer à la récréation avec des amis...
LIEN AVEC D'AUTRES ACTIVITÉS D'ENSEIGNEMENT (CF. SOCLES DE COMPÉTENCES)	Éducation artistique : par exemple : Se reconnaitre dans ses sensations, ses émotions et reconnaitre les autres.
PROLONGEMENT ÉVENTUEL	

Disponible sur le DVD

Nom, prénom : .... Date : ....

Discussion à visée philosophique n°6

L'ARGENT FAIT-IL LE BONHEUR ?

Conte n° 6 – À la recherche du bonheur

Nous avons écouté l'histoire d'un brigand qui pensait devenir heureux et rompre son ennui en volant et en accumulant des richesses. Ce n'est qu'en aidant des pauvres à manger qu'il ressent enfin la joie d'exister.

- **Après la discussion, je rédige ma sagesse du jour :**

....

- **Comme sagesse du jour, la classe a voté en majorité pour la sagesse suivante :**

....

- **Ce qui me rendrait heureux et qui ne coute pas cher :**

....

....

- **J'illustre l'atelier par un dessin, une pensée, un collage... :**

6. À la recherche du bonheur

Né dans une famille aisée de Touaregs, Kamma possédait tout ce qu'il voulait, mais il était malheureux. Pour se divertir, il se battait avec ses camarades et empêchait les bergers de s'occuper de leurs moutons pour finir par les leur voler. Malgré toutes ces frasques, il était toujours malheureux.

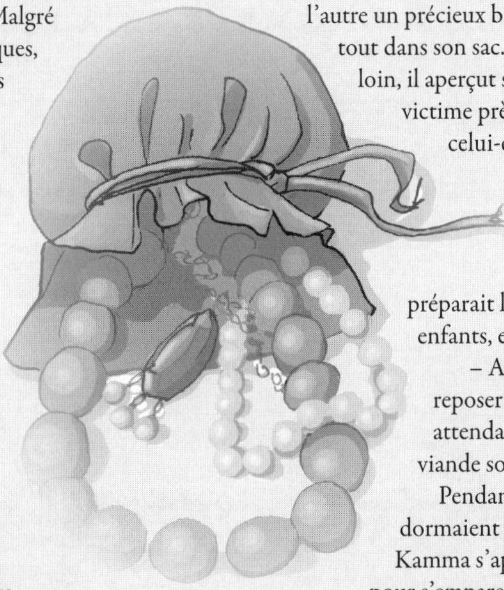

À dix-sept ans, il sella son dromadaire et quitta le campement de sa famille. Pendant des années, il rôda dans le désert et vola les voyageurs. Le butin qu'il cachait dans sa grotte devenait de plus en plus grand, mais Kamma restait malheureux.

Afin d'accroitre encore son trésor, il forma une bande d'hommes armés jusqu'aux dents. Ils s'attaquèrent à des caravanes entières. Kamma devenait de plus en plus riche, mais, chaque soir, il se sentait tout aussi malheureux.

Quand il eut cinquante ans et que tous ses hommes avaient été tués par des caravaniers, Kamma continua à voler en solitaire. Une nuit, il erra d'une tente à l'autre. Dans l'une d'elles, il déroba de la viande de mouton, dans l'autre un précieux bijou et il mit le tout dans son sac. Un peu plus loin, il aperçut sa prochaine victime près d'un feu. Sur celui-ci, une marmite et, à ses côtés, une femme pauvrement habillée qui préparait le repas. À ses enfants, elle dit :

– Allons nous reposer un peu en attendant que la viande soit cuite.

Pendant qu'ils dormaient dans leur tente, Kamma s'approcha du feu pour s'emparer de la marmite, mais quand il voulut la retirer du feu, celle-ci lui parut étrangement lourde. Il regarda à l'intérieur et découvrit un tas de pierres. Il ne comprit pas tout de suite et se mit à réfléchir.

Petit à petit ses yeux se mouillèrent et des larmes coulèrent sur ses joues.

Il repensa à sa propre jeunesse aisée et la compara à celle de ces enfants misérables : leur mère n'avait rien pour les nourrir et inventait des histoires pour leur faire croire à un repas futur.

Quand il eut séché ses larmes, Kamma ôta les pierres de la marmite et les remplaça par la viande de mouton de son sac. Il attisa le feu et reprit le chemin de sa grotte. Après quelques pas, il hésita puis décida d'offrir aussi à la femme le précieux bijou qu'il déposa bien en vue devant la tente.

Le lendemain matin, Kamma, caché dans sa grotte, observa la femme et ses enfants quand ils se levèrent. Ceux-ci découvrirent repas et bijou et s'exclamèrent de joie. Des larmes coulèrent sur le visage de Kamma. Le vieux brigand se sentit enfin heureux.

Questions du philosophe

– La richesse procure-t-elle le bonheur ?
– Peut-on être heureux quand les autres ne le sont pas ?
– Peut-on trouver le bonheur à aider les autres ?
– Peut-on aider le criminel à changer sa voie ?

Discussion à visée philosophique n° 7

LE MENSONGE PEUT-IL SE JUSTIFIER ?

ENJEU(X) PHILOSOPHIQUE(S)	***Le mensonge peut-il se justifier ?*** NB : le conte peut aussi être utilisé pour réfléchir à l'importance de l'intelligence, voire de la ruse, contre la loi du plus fort et, par extension, du rôle du droit face à la loi du plus fort.
OBJECTIF(S) : COGNITIF, CONATIF OU AFFECTIF.	Faire découvrir que même si, comme le dit Kant, le mensonge nuit à l'humanité (cf. prolongement éventuel de la DVP n° 2), le mensonge peut constituer un moyen de défense face à la loi du plus fort.
COMPÉTENCES SPÉCIFIQUES À ACQUÉRIR	Outre les compétences qu'une DVP permet de faire acquérir, viser principalement à ce que l'élève hiérarchise les situations où le mensonge pourrait se justifier (C5).
MATÉRIEL ET SUPPORT	– Jan Lantier, *Contes philosophiques en Afrique*, « 7. La loi du plus fort ? ». – Tableau ou panneau pour recueillir les questions. – Carnet de l'apprenti philosophe.
DÉROULEMENT DE L'ACTIVITÉ	Pour améliorer la compréhension à l'audition du récit, écrire au tableau Tsam-Kui (plus vieux des Pygmées), « Pygmées » et « Bantous » ; expliquer que ce sont des peuples d'Afrique et que, notamment, les uns sont petits (Petits Noirs) et les autres grands (Grands Noirs). – L'enseignant lit le conte « 7. La loi du plus fort ? » **1-2-3** (Vérification de la compréhension du récit, cueillette et reformulation des questions.) Les questions « philosophiques » des enfants peuvent porter sur les deux grands « enjeux philosophiques » (voir plus haut). L'enseignant choisit, dans cette préparation, de cibler la problématique : « Le mensonge peut-il se justifier ? ».
	Exemples de questions proposées lors de l'animation d'une 5e primaire par Claudine Leleux dans la classe de Catherine Jeanmart :
	a. Pourquoi Tsam-Kui dit-il à sa tribu de cueillir les bananes alors qu'il y a encore un danger avec les Bantous du Nord ? b. Pourquoi dire « la loi du plus fort » ? c. Pourquoi le Tsam-Kui ment-il aux Bantous ?

	4-5 (Amorçage de la discussion et élargissement du champ de discussion.) – Est-ce bien de mentir ? Oui, non, pourquoi ? – Imaginez que je dise que demain, il y a un contrôle d'histoire mais que cela n'est pas vrai ? – Quelles seraient les conséquences du fait qu'on ne peut plus faire confiance à personne ? – Si chaque fois que quelqu'un nous adressait la parole, nous pensions qu'il ne dit pas la vérité, que se passerait-il ? – Connaissez-vous l'histoire du jeune berger qui criait au loup[20] ? Que s'est-il finalement passé ? – Conclusion intermédiaire : le mensonge nuit à l'humanité (à la communication, à la confiance, au contrat... et donc, comme le dit Kant, à la source du droit). – Dans le conte que nous venons de lire, pensez-vous que Tsam-Kui a raison de mentir ? Oui, non, pourquoi ? – Lire la citation de Benjamin Constant, réagissant à Kant, qui dit, en 1797 (dans *Réactions politiques*, p. 36) : – *« Dire la vérité est un devoir. Qu'est-ce qu'un devoir ? L'idée de devoir est inséparable de celle de droits : un devoir est ce qui, dans un être, correspond aux droits d'un autre. Là où il n'y a pas de droits, il n'y a pas de devoirs. Dire la vérité n'est donc un devoir qu'envers ceux qui ont droit à la vérité. Or nul homme n'a droit à la vérité qui nuit à autrui. »* – Pensez-vous que ce que Constant nous dit s'applique au conte ? Que Tsam-Kui ne doit pas la vérité aux Bantous ? Oui, non, pourquoi ? – Vous est-il déjà arrivé, de devoir mentir pour préserver votre droit ?
PROJET DE CONCLUSION (ACTIVITÉ DE SYNTHÈSE)	**6-7-8-9** (Production d'une sagesse individuelle, reformulation de celle-ci avant de l'inscrire au tableau, vote et statut de la sagesse du jour de la classe.)

20 Voir par exemple : Claudine Leleux [2000, p. 89].

	Exemples de sagesses recueillies par Claudine Leleux dans la classe de 5e primaire de Catherine Jeanmart :
	• Ne pas mentir sauf exception ! (3 voix) • ***Ne pas mentir sauf quand une vie est en danger*** (9 voix) (sagesse votée par la classe) • Mieux vaut dire la vérité sauf en cas de danger (3 voix) • Dans certains cas, il ne faut pas mentir (0 voix) • Ne mens pas pour éviter de te sentir mal (1 voix) • Mieux vaut dire la vérité (0 voix)
ACTIVITÉ D'INTÉGRATION (PRODUCTION INDIVIDUELLE OU COLLECTIVE)	10 Faire réfléchir les enfants tout au long de l'année scolaire : en cas de mensonge, vérifier s'il se justifie par une atteinte au droit.
LIEN AVEC D'AUTRES ACTIVITÉS D'ENSEIGNEMENT (CF. SOCLES DE COMPÉTENCES)	Français : par exemple : – Résumer : restituer les idées de façon condensée ; – Poser des hypothèses, dégager l'explicite et l'implicite ; – Parler-écouter : exprimer sa pensée par la parole et produire du sens en tant qu'émetteur d'un message ; mobiliser son attention pour produire du sens en tant que récepteur d'un message.
PROLONGEMENT ÉVENTUEL	

Disponible sur le DVD

Nom, prénom : .... Date : ....

Discussion à visée philosophique n°7

LE MENSONGE PEUT-IL SE JUSTIFIER ?

Conte n° 7 – La loi du plus fort ?

Nous avons écouté l'histoire de Pygmées qui dissuadent des Bantous de voler leur production de bananes par un grossier mensonge.

Nous avons ensuite réfléchi au devoir de vérité :

Emmanuel Kant, philosophe allemand (1724-1804) dit : « [le mensonge] nuit toujours à autrui : même si ce n'est pas à un autre homme, c'est à l'humanité en général, puisqu'il disqualifie la source du droit. » (Kant, *Sur un prétendu droit de mentir par humanité* [1797], Paris, 1990, Vrin, p. 69).

Sans elle, nous ne pourrions plus communiquer, faire des contrats, nous faire confiance.

Nous avons aussi réfléchi, avec Benjamin Constant, écrivain et homme politique français (1767-1830), sur le devoir de vérité qui s'estomperait si la vérité nuit à autrui :

« Dire la vérité est un devoir. Qu'est-ce qu'un devoir ? L'idée de devoir est inséparable de celle de droits : un devoir est ce qui, dans un être, correspond aux droits d'un autre. Là où il n'y a pas de droits, il n'y a pas de devoirs. Dire la vérité n'est donc un devoir qu'envers ceux qui ont droit à la vérité. Or nul homme n'a droit à la vérité qui nuit à autrui. » (Benjamin Constant, *Réactions politiques* [1797], p. 36, téléchargeable sur le site : http://classiques.uqac.ca/classiques/constant_benjamin/des_reactions_politiques/des_reactions.html).

- **Après la discussion, je rédige ma sagesse du jour :**

....

- **Comme sagesse du jour, la classe a voté en majorité pour la sagesse suivante :**

....

- **J'imagine une situation où quelqu'un n'aurait pas droit à la vérité :**

....

....

- **J'illustre l'atelier par un dessin, une pensée, un collage... :**

7. La loi du plus fort ?

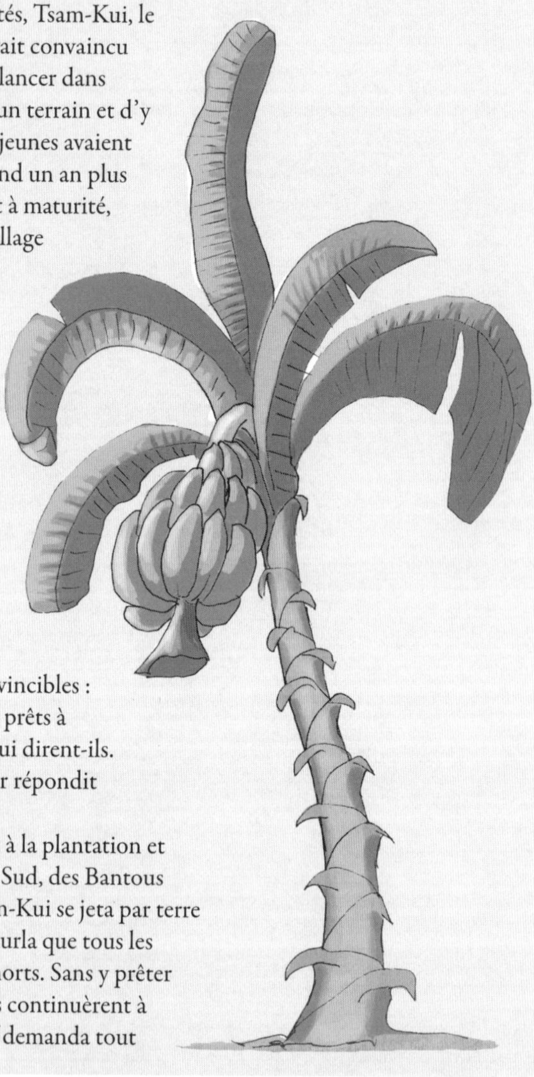

Avec beaucoup de difficultés, Tsam-Kui, le plus vieux des Pygmées, avait convaincu les jeunes de sa tribu de se lancer dans l'agriculture, de défricher un terrain et d'y planter des bananiers. Les jeunes avaient suivi son conseil mais, quand un an plus tard, les bananes arrivèrent à maturité, des Bantous, venus d'un village du Nord, se ruèrent sur la plantation, cueillirent les fruits et empêchèrent les Petits Noirs d'intervenir.

Lorsque l'année suivante, la deuxième récolte s'annonça, les jeunes Pygmées se rendirent chez Tsam-Kui pour lui faire comprendre qu'ils n'allaient pas défendre leur plantation contre les Grands Noirs invincibles :

– Nous ne sommes pas prêts à mourir pour des bananes, lui dirent-ils.

– Laissez-moi faire, leur répondit Tsam-Kui.

Le vieux Pygmée partit à la plantation et y vit, venus d'un village du Sud, des Bantous arrachant les bananes. Tsam-Kui se jeta par terre et commença à pleurer. Il hurla que tous les jeunes de sa tribu étaient morts. Sans y prêter attention, les Grands Noirs continuèrent à cueillir les fruits. Leur chef demanda tout de même au Pygmée ce qui était arrivé aux jeunes de sa tribu. Sanglotant, Tsam-Kui lui répondit :

– Cette plantation est maudite. Chaque fois que les bananes sont vraiment mûres, le grand troupeau des éléphants géants se précipite dessus et piétine aussi bien les fruits que les hommes qui les récoltent ! Chaque fois, c'est un désastre ! Chaque fois, des centaines d'hommes trouvent la mort ici. Allez-vous en, sinon vous allez périr !

En entendant cela, le chef des Bantous siffla et fit signe à ses hommes de s'encourir. En moins de deux, il n'y avait plus aucun Grand Noir sur la plantation.

En rentrant chez les siens, Tsam-Kui cria :

– Allez récolter les bananes ! Il n'y aura plus jamais de Bantous pour nous les prendre !

Questions du philosophe

– Les plus forts gagnent-ils toujours ?
– Comment être victorieux des plus forts quand on fait partie des plus faibles ?
– Le mensonge peut-il se justifier ?

Discussion à visée philosophique n° 8

QUE SERIONS-NOUS SANS LES AUTRES ?

ENJEU(X) PHILOSOPHIQUE(S)	***Que serions-nous sans les autres ?*** *(identité et intersubjectivité)* ***Le partage est-il le tribut de la coopération ?***
OBJECTIF(S) : COGNITIF, CONATIF OU AFFECTIF.	Faire comprendre la nécessité de la coopération et son tribut.
COMPÉTENCES SPÉCIFIQUES À ACQUÉRIR	Outre les compétences qu'une DVP permet de faire acquérir, viser principalement à ce que l'élève hiérarchise individualisme et coopération (C5) et fasse confiance aux autres (C53).
MATÉRIEL ET SUPPORT	– Jan Lantier, *Contes philosophiques en Afrique*, « 8. Chacun pour soi ? ». – Tableau ou panneau pour recueillir les questions. – Carnet de l'apprenti philosophe.
DÉROULEMENT DE L'ACTIVITÉ	– L'enseignant lit le conte n°8, « Chacun pour soi ? ». **1-2-3** (Vérification de la compréhension du récit, cueillette et reformulation des questions.)
	Exemples de questions proposées par une classe de 4e primaire lors du stage de Laurence Majerus :
	a. À quoi sert-il de capturer une personne ? b. Pourquoi la fille a-t-elle mangé tout le gâteau ? c. Pourquoi les frères se sont-ils battus pour le gâteau ? d. Pourquoi chacun a un rôle ? e. Pourquoi le benjamin n'a-t-il pas essayé de libérer la sœur tout seul ? f. Pourquoi chaque frère pense-t-il qu'il a plus de droits d'avoir le gâteau ?
	Exemples de questions proposées par une classe de 5e primaire lors du stage de Corinne Elsocht :
	a. Pourquoi la sœur ne s'est-elle pas défendue ? b. Pourquoi les trois frères se sont-ils bagarrés ?

	4-5 (Amorçage de la discussion et élargissement du champ de discussion.) – Pensez-vous qu'un seul frère serait parvenu à libérer sa sœur tout seul ? – Avez-vous déjà vécu des situations où vous ne pourriez pas atteindre votre objectif tout seul ? (coopération) – Avez-vous déjà vécu des situations où vous pouviez atteindre votre objectif tout seul ? (autonomie) – Vaut-il mieux être autonome ou coopératif ? – ... – Quelle différence faites-vous entre coopération et complicité ? (dans le sens de collusion : imaginez qu'à la sortie d'une banque des brigands vous demandent de les aider à porter les sacs de billets qu'ils viennent de voler) ? – ... – Pourquoi les frères se sont-ils bagarrés pour le gâteau ? – Que veut dire l'auteur quand il écrit que la sœur mange le gâteau ? – Quand une équipe de football gagne, à qui remet-on la coupe ? Pourquoi ? – ...
PROJET DE CONCLUSION (ACTIVITÉ DE SYNTHÈSE)	6-7-8-9 (Production d'une sagesse individuelle, reformulation de celle-ci avant de l'inscrire au tableau, vote et statut de la sagesse du jour de la classe.)
	Exemples de sagesses produites par la classe de 4e primaire lors du stage de Laurence Majerus :
	• Être solidaire et ne jamais se fier aux apparences (2 voix) • ***Sois coopératif*** (9 voix) (sagesse votée par la classe) • Il faut partager pour que personne ne soit privé de quelque chose (8 voix)
	Exemples de sagesses produites par la classe de 5e primaire lors du stage de Corinne Elsocht :
	• On est plus rapide à plusieurs (3 voix) • ***Ensemble, c'est plus facile de réaliser une chose de difficile*** (18 voix) (sagesse votée par la classe) • Il faut aider quand quelqu'un a des difficultés car cela va plus vite (4 voix)

ACTIVITÉ D'INTÉGRATION (PRODUCTION INDIVIDUELLE OU COLLECTIVE)	10 Recourir à la pédagogie de la coopération tout au long de l'année scolaire (cf. activités dans Claudine Leleux [2008]).
LIEN AVEC D'AUTRES ACTIVITÉS D'ENSEIGNEMENT (CF. SOCLES DE COMPÉTENCES)	Français : par exemple : Exprimer son opinion personnelle, accompagnée d'une justification cohérente. Éducation artistique : par exemple : Confronter des capacités individuelles pour réaliser une production collective.
PROLONGEMENT ÉVENTUEL	

Nom, prénom : .... Date : ....

Discussion à visée philosophique n°8

QUE SERIONS-NOUS SANS LES AUTRES ?

Conte n° 8 – Chacun pour soi ?

Nous avons écouté l'histoire de trois frères qui, par leur coopération, parvenaient à libérer leur sœur kidnappée. Chacun des frères estimait avoir droit à l'entièreté du gâteau parce que son acte était le plus décisif. La sœur, en mangeant tout le gâteau, a voulu leur rappeler que la récompense allait à la coopération.

- **Après la discussion, je rédige ma sagesse du jour :**

....

- **Comme sagesse du jour, la classe a voté en majorité pour la sagesse suivante :**

....

- **Je pense à une situation où, à l'avenir, j'essaierai de coopérer :**

....

....

- **J'illustre l'atelier par un dessin, une pensée, un collage... :**

8. Chacun pour soi ?

Une jeune fille et ses trois frères vivaient seuls depuis la mort de leurs parents. L'aîné des frères cultivait les champs, son cadet pêchait avec son bateau sur la rivière et le benjamin était le chasseur de la famille. Leur sœur vendait les produits de leur travail au marché et préparait les repas.

Un jour, en route vers le marché, la fille se fit enlever par un homme qu'elle n'avait jamais vu dans les environs. Il la ligota, la jeta par dessus son épaule et l'emmena au fond de la forêt où il avait caché sa case.

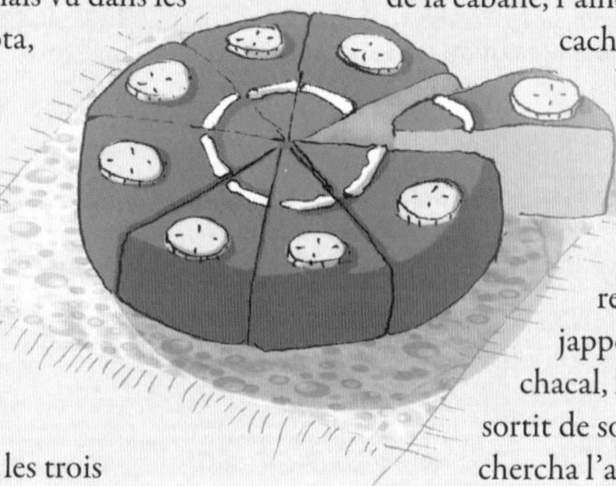

Quand, rentrés du travail, les trois frères ne trouvèrent pas leur sœur, ils partirent à sa recherche dans le village et interrogèrent les voisins. Puisque ceux-ci n'étaient au courant de rien, les frères sortirent du village et quadrillèrent chacun leur terrain : l'aîné sur les champs, le cadet à la rivière et le benjamin dans la forêt.

Quelques heures plus tard, les trois frères se rejoignirent chez eux : le benjamin avait découvert la fille. Au fin fond de la forêt, il l'avait observée de loin. Elle était attachée à un arbre à côté de la hutte d'un homme inconnu. Les frères décidèrent aussitôt d'aller délivrer leur sœur.

Sans faire de bruit, ils s'approchèrent de la case du malfaiteur. À cinquante mètres de celle-ci, le benjamin grimpa dans un arbre et se camoufla dans le feuillage. Tout près de la cabane, l'aîné et son cadet se cachèrent derrière un buisson.

Quand le benjamin imita à plusieurs reprises le jappement d'un chacal, le malfaiteur sortit de son repaire et chercha l'animal qu'il avait entendu. Ce faisant, il s'approcha du buisson derrière lequel se tenaient les deux frères. Quand il fut tout près, l'aîné se jeta sur lui et le terrassa, tandis que le cadet lui ligota les mains avec la corde qu'il avait emmenée de son bateau. C'est ainsi que les trois frères libérèrent leur sœur et rentrèrent chez eux.

La nouvelle fit vite le tour du village et les voisins décidèrent de fêter le retour de la jeune fille. Une heure après, tout le monde était à table et à la fin du repas un délicieux dessert fut servi.

– Je suis le seul qui ai droit à ce dessert, dit le frère aîné, car c'est moi qui ai terrassé le malfaiteur.

– Je suis le seul qui ai droit à ce dessert, dit le cadet, car sans ma corde on n'aurait jamais ligoté ce malfaiteur.

– Je suis le seul qui ai droit à ce dessert, dit le benjamin, car c'est moi qui ai découvert le malfaiteur.

Quand chacun des frères voulut se saisir du plat à dessert, il constata que celui-ci était vide. Pendant que les frères se disputaient, leur sœur avait tout mangé.

Questions du philosophe

– Les actions humaines sont-elles le fruit du « chacun pour soi » ou celui de la coopération ?
– La solidarité est-elle un dû ?
– Le partage est-il le tribut de la coopération ?

Discussion à visée philosophique n° 9

SOMMES-NOUS PRISONNIERS DE NOTRE NATURE ?

ENJEU(X) PHILOSOPHIQUE(S)	***Sommes-nous, comme les animaux, prisonniers de notre nature ou l'humain peut-il maîtriser ses instincts ?***
OBJECTIF(S) : COGNITIF, CONATIF OU AFFECTIF.	Faire découvrir que l'humain maîtrise ses instincts et construit des règles de convivialité.
COMPÉTENCES SPÉCIFIQUES À ACQUÉRIR	Outre les compétences qu'une DVP permet de faire acquérir, viser principalement à ce que l'élève hiérarchise liberté et déterminisme (C5) et comprenne que l'humanité de l'homme passe par la maitrise des pulsions (C48).
MATÉRIEL ET SUPPORT	– Jan Lantier, *Contes philosophiques en Afrique*, « 9. Notre nature ». – Image de phacochère : Source : http://membres.lycos.fr/museecochon/cochon-famille.html   – Image de pélican : Source : http://www.australianfauna.com/fr_australianpelican.php – Tableau ou panneau pour recueillir les questions. – Carnet de l'apprenti philosophe.
DÉROULEMENT DE L'ACTIVITÉ	Afficher, éventuellement, les images des animaux moins connus dont il est question dans le conte. – L'enseignant lit le conte « 9. Notre nature ». 1-2-3 (Vérification de la compréhension du récit, cueillette et reformulation des questions.)

	Exemples de questions proposées par la classe de 1re primaire d'Anne Hodara :
	a. Est-ce que le lion ne pourrait pas faire plaisir au phacochère ? b. Est-ce qu'on doit respecter les règles ? c. Pourquoi le lion et le phacochère ont-ils mangé le pélican alors qu'il était gentil de les inviter chez lui ? d. Pourquoi n'accepte-t on pas les règles des autres ? e. À quoi ça sert les règles de politesse ? f. Est-ce que les règles sont les mêmes ou différentes en fonction de l'endroit où on se trouve ?
	Exemples de questions proposées par la classe de 5e primaire d'Émilie Vandermeersch :
	a. Pourquoi les animaux qui invitent veulent-ils que les autres suivent leurs règles ? b. Pourquoi le phacochère a-t-il invité le lion alors que c'est une autre race ? c. Peuvent-ils s'empêcher de faire selon leur nature ? d. Pourquoi le pélican veut-il apprendre « sa manière » ? **4-5** (Amorçage de la discussion et élargissement du champ de discussion.) – Les humains ont-ils aussi des instincts ? Lesquels ? – En sont-ils prisonniers comme les animaux de l'histoire ? Oui, non, parfois ? – Quand je suis très en colère, est-ce que je frappe l'autre ? Pourquoi ? – Quand je suis affamé, est-ce que je me rue sur les plats ? Pourquoi ? – Quand j'ai passé une mauvaise nuit, est-ce que je dis quand même « bonjour » aux autres ? Pourquoi ? – Pourquoi dit-on que les humains, à la différence des animaux, sont des êtres « civilisés » ? – ...
PROJET DE CONCLUSION (ACTIVITÉ DE SYNTHÈSE)	**6-7-8-9** (Production d'une sagesse individuelle, reformulation de celle-ci avant de l'inscrire au tableau, vote et statut de la sagesse du jour de la classe.)

	Exemples de sagesses produites par la classe de 1re primaire d'Anne Hodara :
	• ***Si quelqu'un t'ennuie, au lieu de te bagarrer, parle-lui*** (15 voix) (sagesse votée par la classe) • Il faut respecter les règles des autres. • Au lieu de te bagarrer, il vaut mieux parler.
	Exemples de sagesses produites par la classe de 5e primaire d'Émilie Vandermeersch :
	• Si tu es invité, respecte un minimum de règles de ceux qui t'invitent. (6 voix) • Si tu vas chez quelqu'un, respecte ses règles. • Fais des efforts pour respecter les règles de la personne qui t'invite car tu dois la respecter elle. (1 voix) • ***Les règles sont différentes chez chacun et chacun doit faire un effort*** (7 voix) (sagesse votée par la classe) • Si c'est important pour la personne, fais un effort. (1 voix) • Sois poli chez les autres. (6 voix) • Permets quelques exceptions avec des invités mais ils ne doivent pas être impolis. (1 voix) • Respecte les règles de chacun, ils y sont habitués. (1 voix)
ACTIVITÉ D'INTÉGRATION (PRODUCTION INDIVIDUELLE OU COLLECTIVE)	10 L'enseignant fait rechercher au carnet de l'apprenti philosophe trois raisons de convivialité. Il veille au transfert possible de la « Sagesse du jour de la classe » dans le contexte scolaire au cours de l'année.
LIEN AVEC D'AUTRES ACTIVITÉS D'ENSEIGNEMENT (CF. SOCLE DE COMPÉTENCES)	Mathématique : par exemple : – Résoudre, raisonner et argumenter. – Appliquer et généraliser. – Structurer et synthétiser.
PROLONGEMENT ÉVENTUEL	Nature et culture (déterminisme et liberté) : leçons 2 et 3 dans Claudine Leleux [2010].

Nom, prénom :............................... Date : ....

Discussion à visée philosophique n°9

SOMMES-NOUS PRISONNIERS DE NOTRE NATURE ?

Conte n° 9 – Notre nature

Nous avons écouté l'histoire d'animaux qui n'avaient pas la liberté de contrer leur nature. Ils ne pouvaient respecter ni les règles de convivialité ni la vie d'autrui.

- **Après la discussion, je rédige ma sagesse du jour :**

....

- **Comme sagesse du jour, la classe a voté en majorité pour la sagesse suivante :**

....

- **Je recherche les raisons de trois règles de convivialité :**

Je dois mettre ma main devant mon nez et ma bouche quand je tousse ou que j'éternue :

....

Je dois discuter plutôt que frapper :

....

Je dois tendre un couteau (ou des ciseaux) en gardant la (ou les) pointe(s) vers moi :

....

- **J'illustre l'atelier par un dessin, une pensée, un collage... :**

9. Notre nature

C'était au temps où les animaux parlaient encore. Le phacochère, le lion et le pélican vivaient dans la savane et se rencontraient souvent au même marigot pour se désaltérer.

Un jour, le phacochère dit au lion :

– Ce soir, je t'invite à manger chez moi. Viens avec toute ta famille.

Le lion remercia son ami et quand le soleil se coucha, il se présenta avec la lionne et leurs sept lionceaux à la tanière du phacochère. Celui-ci fit rentrer ses invités et les pria de s'installer à table. Dès que la femme du phacochère sortit le rôti de sa cuisine, tous les lions commencèrent à rugir. Madame phacochère fit aussitôt marche arrière. Son mari expliqua sa réaction :

– Chez les phacochères, il est de règle de ne pas parler à table et certainement de ne pas rugir.

Sur quoi le lion présenta ses excuses. Le phacochère les accepta et fit signe à sa femme de revenir. Quand madame phacochère réapparut avec son rôti, tous les lions rugirent à l'unisson. Le phacochère s'énerva et le lion s'excusa une fois de plus en ajoutant :

– Nous ne savons pas faire autrement. Notre nature est ainsi faite. Il vaut mieux qu'on s'en aille.

Et tous ensemble, les lions rentrèrent chez eux.

Gêné par ce qui était arrivé, le lion cherchait un moyen pour renouer avec son ami le phacochère. Il alla le trouver au marigot et lui dit :

– Ce soir, je t'invite à manger chez moi. Viens avec toute ta famille.

Le soleil tombé, le phacochère, sa femme et leurs sept enfants se présentèrent devant l'antre du lion. La lionne les accueillit, les pria de bien essuyer leurs pattes avant d'entrer et désigna une flaque d'eau où ils pouvaient se laver. Les phacochères s'exécutèrent, mais rejoignirent l'antre du lion les pattes comme d'habitude maculées de boue. La lionne insista sur la propreté et expliqua :

– Chez les lions, il est de règle de venir à table avec les pattes propres.

Les phacochères retournèrent à la flaque d'eau mais restèrent tout aussi sales quand ils revinrent pour la deuxième fois devant la lionne. Poussant de grands soupirs, le phacochère s'excusa et ajouta :

– Nous ne savons pas faire autrement. Notre nature est ainsi faite. Il vaut mieux qu'on s'en aille.

Et tous ensemble, les phacochères rentrèrent chez eux.

Volant d'un arbre à l'autre, le pélican avait remarqué le manège du phacochère et du lion. Quand le lendemain, il les rencontra au marigot, il proposa de leur donner un cours de maintien à table.

– Nous ne sommes vraiment pas doués, lui répondirent le lion et le phacochère, mais nous acceptons volontiers ta proposition.

– Je vous invite donc ce soir à ma table et je vous apprendrai comment vous y tenir.

Au soleil couchant, le phacochère et le lion se présentèrent au nid du pélican. La table y était dressée avec tout le savoir faire nécessaire. Quand les hôtes furent assis, la femme du pélican servit un plat de petits poissons que le lion et le phacochère avalèrent en moins de deux. Ensuite, ils rugirent et grognèrent parce qu'ils avaient encore faim. Puisque la femme du pélican n'apportait rien de plus, le lion se jeta sur celle-ci et le phacochère se rua sur son mari. Ils les dévorèrent et rentrèrent chez eux en disant :

– Nous ne savons pas faire autrement. Notre nature est ainsi faite.

Questions du philosophe

– Sommes-nous, comme les animaux, prisonniers de notre nature ?
– Pouvons-nous maîtriser nos instincts ?
– Faut-il respecter les règles de politesse à table et pourquoi ?

Discussion à visée philosophique n° 10

DEVONS-NOUS PARFOIS DÉSOBÉIR ?

ENJEU(X) PHILOSOPHIQUE(S)	***Devons-nous parfois désobéir (pour conserver le patrimoine) ?***
OBJECTIF(S) : COGNITIF, CONATIF OU AFFECTIF.	Faire découvrir la sagesse des plus âgés et la stupidité de certains commandements qui visent à la perdre.
COMPÉTENCES SPÉCIFIQUES À ACQUÉRIR	Outre les compétences qu'une DVP permet de faire acquérir, viser principalement à ce que l'élève hiérarchise les raisons d'obéir et de désobéir (C5) en jugeant de la validité d'une règle d'action (C9) sans craindre les autres (C43).
MATÉRIEL ET SUPPORT	– Jan Lantier, *Contes philosophiques en Afrique*, « 10. Les ordres du roi ». – Tableau ou panneau pour recueillir les questions. – Carnet de l'apprenti philosophe.
DÉROULEMENT DE L'ACTIVITÉ	– L'enseignant lit le conte « 10. Les ordres du roi ». **1-2-3** (Vérification de la compréhension du récit, cueillette et reformulation des questions.)
	Exemples de questions proposées par le cycle de 5ᵉ/6ᵉ primaire lors du stage de Céline Mahieu :
	a. Pourquoi faut-il tuer les parents ? b. Pourquoi le roi choisit-il Yaakou comme roi alors qu'il n'a pas tué ses parents ? c. Pourquoi Yaakou n'a-t-il pas tué ses parents ?
	4-5 (Amorçage de la discussion et élargissement du champ de discussion.) En partant des questions des enfants, cibler les deux problématiques (la désobéissance et la sauvegarde du patrimoine). Dans le cas des questions recueillies par Céline Mahieu, il est, par exemple, possible de partir de la question a. (bien que factuelle) si non, l'enseignant peut introduire la question : – Quels sont les arguments qu'invoque le vieux roi pour tuer tous les parents ? – À la fin de l'histoire, ces arguments sont-ils vérifiés ? Pourquoi ?

	– Hormis l'affection, que nous apportent des parents ? Des personnes âgées ? – Que nous apportent nos ancêtres ? – Quel est le rôle de l'Histoire ? – ... – L'ordre du roi est-il sensé ? – Énoncer quelques ordres pour vérifier s'ils sont sensés : par exemple : « *Ton ami(e) te demande de tricher pendant un contrôle, que devrais-tu faire ? Lui obéir ou ne pas lui obéir ? Pourquoi ?* » ou « Tes "copains" te disent d'aller voler une pomme pour rentrer dans leur bande. Que devrais-tu faire ? Leur obéir ou ne pas leur obéir ? Pourquoi ?[21] » – Doit-on obéir à de tels ordres ? Oui, non, pourquoi ? – Vous a-t-on déjà donné des ordres insensés ? Si oui, lesquels ? – ... – Que risque-t-on de ne pas obéir à de tels ordres ? – Doit-on prendre le risque ? Parfois oui, parfois non ? – ...
PROJET DE CONCLUSION (ACTIVITÉ DE SYNTHÈSE)	**6-7-8-9** (Production d'une sagesse individuelle, reformulation de celle-ci avant de l'inscrire au tableau, vote et statut de la sagesse du jour de la classe.)
	Exemples de sagesses produites par le cycle de 5e/6e primaire lors du stage de Céline Mahieu :
	• Ne désobéis pas, c'est toujours mieux (2 voix) • Réfléchis à tes gestes en fonction de l'ordre qui t'est demandé (3 voix) • Si j'étais toi, je l'aurais dit à la maitresse pour ne pas qu'il ait de problème (0 voix) • ***Respecte tes parents*** (10 voix) (sagesse votée par la classe) • Ne jamais se laisser racketter même si on t'y oblige (7 voix) • Je te laisse choisir mais réfléchis bien (5 voix) • Il faut toujours parler de ses problèmes (7 voix)

21 Leçon n°5 d'Annick Perona dans Claudine Leleux [2008].

ACTIVITÉ D'INTÉGRATION (PRODUCTION INDIVIDUELLE OU COLLECTIVE)	10 Par écrit, l'enseignant fait rechercher les raisons et les conséquences d'un ordre donné à l'élève récemment. Il veille au transfert possible de la « Sagesse du jour de la classe » dans le contexte scolaire au cours de l'année.
LIEN AVEC D'AUTRES ACTIVITÉS D'ENSEIGNEMENT (CF. SOCLES DE COMPÉTENCES)	Pour l'aspect « sauvegarde du patrimoine culturel » ou l'histoire de grandes désobéissances (voir le prolongement envisagé), se référer aux compétences visées par l'Éveil à la formation historique.
PROLONGEMENT ÉVENTUEL	Leçon n°6 de Déborah Sucaet dans Claudine Leleux [2008] à partir de l'album de Didier Daeninckx, *Il faut désobéir. La France sous Vichy.*

Nom, prénom :. . . . . Date : . . . .

Discussion à visée philosophique n°10

DEVONS-NOUS PARFOIS DÉSOBÉIR ?

Conte n° 10 – Les ordres du roi

Nous avons écouté l'histoire d'un roi qui voulait tuer les personnes âgées parce qu'elles étaient devenues inutiles. Mais un jeune n'obéit pas à cet ordre et on s'aperçoit que les parents peuvent nous transmettre beaucoup de choses de leur savoir et de leur expérience.

- **Après la discussion, je rédige ma sagesse du jour :**

. . . .

- **Comme sagesse du jour, la classe a voté en majorité pour la sagesse suivante :**

. . . .

- **Je recherche les raisons et les conséquences d'un ordre qu'on m'a donné récemment :**

. . . .

. . . .

- **J'illustre l'atelier par un dessin, une pensée, un collage... :**

10. Les ordres du roi

Il était une fois un roi très sévère. Il était vieux et cherchait un successeur. À cette fin, il convoqua tous les jeunes hommes de son royaume et les mit à l'épreuve.

– Je vous ordonne de tuer vos vieux parents, car ils ne servent plus à rien et ils ne font qu'épuiser nos réserves alimentaires. Aucune exception ne sera tolérée, lança le roi aux jeunes gens éberlués par ce qu'ils venaient d'entendre.

Apeurés, tous exécutèrent l'ordre du roi, à l'exception de Yaakou. Durant la nuit, il partit avec ses parents au royaume voisin et les y cacha.

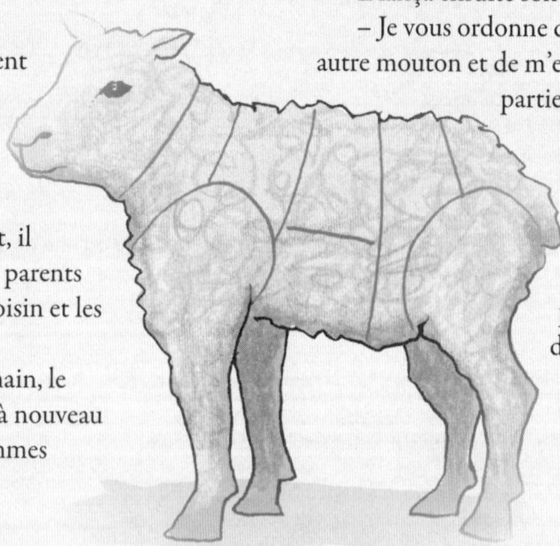

Le lendemain, le roi rassembla à nouveau les jeunes hommes du royaume. Cette fois, il leur ordonna d'égorger un mouton et de lui en apporter la partie la plus douce. Tous égorgèrent un mouton mais aucun ne savait quelle en était la partie la plus douce. Yaakou se hâta d'atteindre le royaume voisin et demanda conseil à ses parents. Ceux-ci lui recommandèrent d'offrir au roi la langue du mouton.

Le surlendemain, le roi réunit pour la troisième fois les jeunes gens du royaume et examina les parties de mouton qu'ils lui avaient apportées. La langue de mouton offerte par Yaakou l'étonna et il jugea les autres pièces insuffisantes.

Il lança ensuite son troisième défi :

– Je vous ordonne d'égorger un autre mouton et de m'en apporter la partie la plus amère.

Les jeunes gens du royaume exécutèrent une fois de plus l'ordre du roi, mais ignoraient totalement quelle était la partie la plus amère de l'ovin. Yaakou rejoignit à nouveau ses parents pour qu'ils l'aident dans cette nouvelle épreuve. Ils lui conseillèrent d'apporter au roi le même morceau que la veille.

Avant que Yaakou ne repartit, son père l'attira à l'écart et lui glissa encore quelques mots dans l'oreille.

Le quatrième jour, le roi convoqua tous les habitants du royaume et ordonna aux jeunes hommes de se présenter devant lui avec leur morceau amer. Quand Yaakou lui offrit une deuxième langue de mouton, le roi s'exclama :

– Tu oses me remettre le même morceau ! Tu vas devoir expliquer ton acte, sinon il t'en coutera la tête !

– Sire, vous êtes le roi le plus grand et le plus savant. Vous savez donc que la langue est la plus douce et la plus amère, la meilleure et la pire des choses. Elle peut créer l'amitié et l'amour, mais elle peut tout aussi bien provoquer la discorde et la guerre, répondit Yaakou répétant en cela les mots que son père lui avait confiés.

– Tu n'as certainement pas tué tes parents. La sagesse que tu viens d'exprimer t'est certainement transmise par eux.

Et s'adressant à tout son peuple, le roi ajouta :

– À partir d'aujourd'hui, vous ne tuerez plus les parents. Vous les respecterez parce qu'ils sont les porteurs de tout le savoir et de toutes les expériences des générations antérieures. Je vous annonce aussi que Yaakou sera votre nouveau roi car il s'est montré le plus sage.

Questions du philosophe

– Faut-il toujours obéir ?
– Devons-nous parfois désobéir ?
– Les vieux sont-ils toujours plus sages que les jeunes ?
– Que faut-il faire pour éviter que la langue soit la pire des choses ?

Discussion à visée philosophique n° 11

RÉFLÉCHIR AUX CONSÉQUENCES AVANT D'AGIR ?

ENJEU(X) PHILOSOPHIQUE(S)	***Réfléchir aux conséquences avant d'agir ?***
OBJECTIF(S) : COGNITIF, CONATIF OU AFFECTIF.	Faire découvrir qu'avant d'agir, il faut réfléchir, et notamment se demander si l'objectif sera atteint et si les conséquences de l'action ne seront pas pires que la situation initiale, pour moi ou pour autrui.
COMPÉTENCES SPÉCIFIQUES À ACQUÉRIR	Outre les compétences qu'une DVP permet de faire acquérir, viser principalement à ce que l'élève apprenne à se connaitre (C2), hiérarchise les conséquences de ses actions (C5) en jugeant de la validité des normes (C9) et de l'importance à maîtriser sa colère (C48).
MATÉRIEL ET SUPPORT	 – Jan Lantier, *Contes philosophiques en Afrique*, « 11. Retour de flamme ». – Tableau ou panneau pour recueillir les questions. – Carnet de l'apprenti philosophe. – Éventuellement afficher des photos de Touaregs du Mali : Source : http://www.interet-general.info/article.php3?id_article=7307 et du Niger : Source : http://www2.ac-toulouse.fr/eco-primaire-pradelet-tarascon/spip.php?article536 

DÉROULEMENT DE L'ACTIVITÉ	Écrire au tableau le terme « Touaregs » et les noms Etagas, Ebigui pour faciliter la compréhension à l'audition. Expliquer le terme « mil » (céréale à petits grains). – L'enseignant lit le conte « 11. Retour de flamme ». **1-2-3** (Vérification de la compréhension du récit, cueillette et reformulation des questions.) Exemples de questions recueillies par Claudine Leleux dans une classe de 3e primaire de Catherine Jeanmart : a. D'où viennent les fourmis ? b. Pourquoi les fourmis embêtaient-elles les Touaregs ? c. Pourquoi un groupe de Touaregs n'a-t-il pas aidé l'autre groupe ? **4-5** (Amorçage de la discussion et élargissement du champ de discussion.) – « Etagas se fâcha tout rouge et commanda à ses hommes d'incendier le nid des fourmis ». Pourquoi l'auteur nous dit qu'il était « tout rouge » (faire identifier l'émotion/le sentiment « colère). – Etagas prend-il la bonne décision dans cet état ? Pourquoi ? – Quelle est l'attitude de Ebigui ? Est-elle la même ? – Vous est-il déjà arrivé de prendre une décision sous le coup de la colère ? Sans réfléchir aux conséquences ? – De jouer, sans réfléchir aux conséquences ? D'être imprudent ? – Comment éviter de mauvaises décisions ? – Quelles questions devrions-nous poser avant d'agir ? (« Est-ce que l'objectif sera atteint ? » et « Est-ce que les conséquences de l'action ne seront pas pires que la situation initiale, pour moi ou pour autrui ? »...) – ...

PROJET DE CONCLUSION (ACTIVITÉ DE SYNTHÈSE)	6-7-8-9 (Production d'une sagesse individuelle, reformulation de celle-ci avant de l'inscrire au tableau, vote et statut de la sagesse du jour de la classe.) Exemples de sagesses recueillies par Claudine Leleux dans une classe de 3e primaire de Catherine Jeanmart : • ***Je te conseille de ne pas t'énerver et de réfléchir*** (11 voix) (sagesse votée par la classe) • Je te conseille de prendre une bonne décision (8 voix) • Je te conseille de réfléchir à ce que tu fais (8 voix) • Écoute les conseils des autres (10 voix) • Respecte les règles (8 voix) • Ne te mets pas en colère (8 voix) • Si quelqu'un t'embête, ne dis rien (4 voix) • Réfléchis avant de parler (10 voix)
ACTIVITÉ D'INTÉGRATION (PRODUCTION INDIVIDUELLE OU COLLECTIVE)	10 L'enseignant veille au transfert possible de la « Sagesse du jour de la classe » dans le contexte scolaire au cours de l'année. La discussion peut être suivie d'une activité de prévention des objets dangereux dans l'univers domestique (voir, par exemple la leçon n°10 de Valérie Puttaert dans Claudine Leleux [2000, pp. 98-104]).
LIEN AVEC D'AUTRES ACTIVITÉS D'ENSEIGNEMENT (CF. SOCLES DE COMPÉTENCES)	Éducation par la technologie : par exemple : Émettre des hypothèses.
PROLONGEMENT ÉVENTUEL	

Nom, prénom :............................... Date : ....

Discussion à visée philosophique n° 11

RÉFLÉCHIR AUX CONSÉQUENCES AVANT D'AGIR ?

Conte n° 11 – Retour de flamme

Nous avons écouté l'histoire de deux Touaregs qui réagissent différemment face à une invasion de fourmis dans leur campement. L'un, sous l'impulsion de la colère, choisit une méthode qui provoquera un retour de flamme ; l'autre, après l'analyse du problème (les fourmis envahissent le camp parce qu'elles sont à la recherche de nourriture), détourne les fourmis du campement.

- **Après la discussion, je rédige ma sagesse du jour :**

....

- **Comme sagesse du jour, la classe a voté en majorité pour la sagesse suivante :**

....

- **Avant d'agir, je me pose deux questions :**

....

....

- **J'illustre l'atelier par un dessin, une pensée, un collage... :**

11. Retour de flamme

L'hiver approchait dans le désert et deux groupes de Touaregs décidèrent d'établir leur camp pour passer la saison froide. Ils s'installèrent dans une vallée le long d'une petite rivière. Des buissons poussaient d'un côté de l'eau, mais l'autre côté était complètement aride.

Le groupe dirigé par le jeune Etagas arriva le premier et dressa ses tentes près des buissons. Le vieux Ebigui, chef du deuxième groupe, ordonna à ses hommes d'occuper le terrain sans aucune verdure.

Après une semaine, les deux camps furent infestés de fourmis. Celles-ci s'infiltraient partout, s'attaquaient aux réserves de mil, envahissaient les lits et piquaient tout le monde. Les chemins qui les conduisaient de leurs fourmilières aux campements avaient l'allure de deux larges rubans noirs ininterrompus.

Le jeune chef Etagas se fâcha tout rouge et commanda à ses hommes d'incendier le nid des fourmis qui gênaient son camp. Les hommes arrachèrent des branches aux buissons, les entassèrent sur la fourmilière et y mirent le feu. Ils étaient tellement heureux de voir les fourmis se consumer qu'ils ne virent pas que les flammes atteignaient les buissons et puis leur campement. Dans l'incendie, ils perdirent tous leurs bagages et durent s'enfuir.

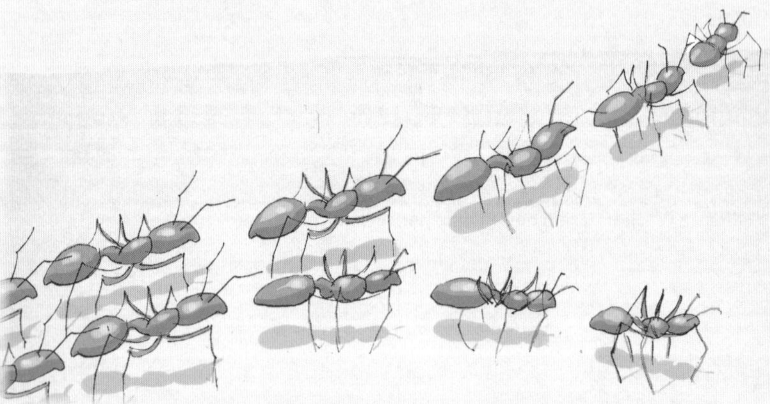

Dans son camp, le vieux chef Ebigui procéda autrement pour chasser les fourmis. De ses parents, il avait appris qu'il fallait mettre un kilo de mil autour de la fourmilière et qu'ainsi nourries les fourmis ne gênaient plus les hommes.

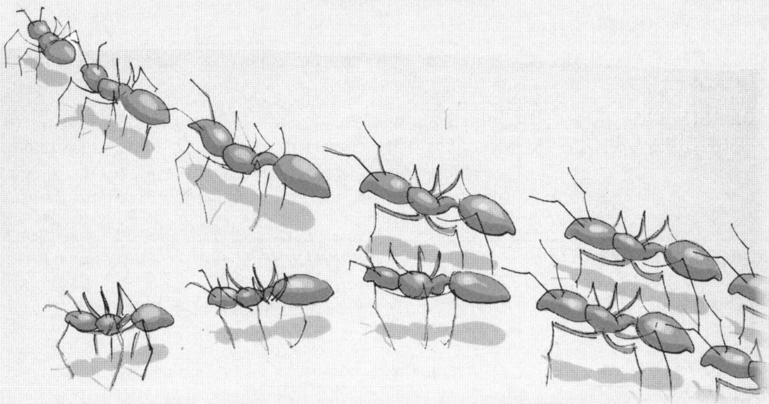

Questions du philosophe

– Des animaux dérangent parfois les hommes. Faut-il les tuer pour autant ?
– La violence peut-elle être une solution à un problème ?
– L'intelligence peut-elle être une solution à un problème ?
– Réfléchir aux conséquences avant d'agir ?

Discussion à visée philosophique n° 12

SE CONNAITRE SOI-MÊME ?

ENJEU(X) PHILOSOPHIQUE(S)	***« Connais-toi toi-même ».***
OBJECTIF(S) : COGNITIF, CONATIF OU AFFECTIF.	Faire découvrir l'importance à prendre la mesure de ses forces, de ses possibilités, pour ne pas dépasser ses limites.
COMPÉTENCES SPÉCIFIQUES À ACQUÉRIR	Outre les compétences qu'une DVP permet de faire acquérir, viser principalement à ce que l'élève apprenne à se connaitre (C2), hiérarchise les conséquences de ses actions (C5) en s'acceptant tel qu'il est (C41) et en pouvant réfréner des désirs mortifères (C48).
MATÉRIEL ET SUPPORT	– Jan Lantier, *Contes philosophiques en Afrique*, « 12. Le moineau héroïque ». – Tableau ou panneau pour recueillir les questions. – Carnet de l'apprenti philosophe.
DÉROULEMENT DE L'ACTIVITÉ	– L'enseignant lit le conte « 12. Le moineau héroïque ». **1-2-3** (Vérification de la compréhension du récit, cueillette et reformulation des questions.)
	Exemples de questions proposées par la classe de 2e primaire d'Annick Perona :
	a. Le moineau a-t-il oublié qu'il est plus petit ? b. A-t-il perdu la raison ? c. Pourquoi le moineau agit-il comme cela alors qu'il est plus petit que le bélier ? d. Pourquoi le moineau a-t-il pris exemple sur l'aigle ?
	Exemples de questions proposées par la classe de 5e primaire d'Émilie Vandermeersch :
	a. Pourquoi le moineau veut-il imiter l'aigle ? b. Pourquoi n'a-t-il pas d'abord pris un plus petit animal ?

	4-5 (Amorçage de la discussion et élargissement du champ de discussion.) – Pourquoi le moineau s'est-il pris pour l'aigle ? – Cela vous est-il déjà arrivé de vous prendre pour un aigle, pour plus grand, plus fort... que vous ? Pourquoi ? – Vouliez-vous vous sentir grand ? – Faites-vous toujours la différence entre l'action rêvée et le passage à l'acte (cf. jeux vidéo) ? – Vous arrive-t-il de rechercher le prestige (vouloir se faire remarquer parce qu'on a été rabroué, non reconnu, dévalorisé...) ? – Vous arrive-t-il de méconnaitre la difficulté à résoudre ? Les étapes à franchir (« Petit à petit, l'oiseau fait son nid », dit-on) ? – Vous arrive-t-il de ne pas réfléchir et d'imiter ? – ... – Vous a-t-on déjà mis sur un piédestal (dessin, sport, performance scolaire...) ? Avec quel danger ? (la chute, déception...). – Comment éviter de telles attitudes ? (Apprendre à se connaitre.)
PROJET DE CONCLUSION (ACTIVITÉ DE SYNTHÈSE)	**6-7-8-9** (Production d'une sagesse individuelle, reformulation de celle-ci avant de l'inscrire au tableau, vote et statut de la sagesse du jour de la classe.)
	Exemples de sagesses produites par la classe de 2e primaire d'Annick Perona :
	• Ne te bagarre pas avec les plus grands que toi. • N'imite pas un grand n'importe comment. • Réfléchis avant de t'attaquer à plus fort que toi . • Ne t'attaque pas à plus fort que toi. ***• Ne fais pas comme un plus grand si tu n'en as pas les moyens afin de ne pas t'attirer d'ennuis*** (sagesse votée par la classe) • N'imite pas les plus grands et plus forts que toi sinon tu risques de mourir ou de te faire taper.

	Exemples de sagesses produites par la classe de 5e primaire d'Émilie Vandermeersch :
	• Même si tu es courageux, ne fais pas des choses au-dessus de tes forces (6 voix) • Ne dépasse pas tes limites (1 voix) • Ne fais pas n'importe quoi mais tu peux essayer certaines choses (3 voix) • Si tu fais comme les grands, cela peut être dangereux et tu peux te blesser (4 voix) • Ne recopie pas toujours les autres (5 voix) • Ne fais pas tout le temps comme les autres, ça peut mal finir. (5 voix) • Ne fais rien qui puisse mal se finir (3 voix) • Ne fais pas ce que tu n'es pas capable de faire (6 voix) • ***Quand tu veux faire quelque chose au-dessus de tes limites, pense d'abord aux conséquences*** (sagesse votée par la classe par 7 voix).
ACTIVITÉ D'INTÉGRATION (PRODUCTION INDIVIDUELLE OU COLLECTIVE)	**10** Par écrit, au carnet de l'apprenti philosophe, l'enseignant fait rechercher les questions que l'élève doit se poser quand l'envie lui prend d'être un héros. L'enseignant veille au transfert possible de la « Sagesse du jour de la classe » dans le contexte scolaire au cours de l'année.
LIEN AVEC D'AUTRES ACTIVITÉS D'ENSEIGNEMENT (CF. SOCLES DE COMPÉTENCES)	Éducation artistique : par exemple : Permettre un équilibre intérieur personnel.
PROLONGEMENT ÉVENTUEL	

Nom, prénom :.............................. Date : ....

Discussion à visée philosophique n° 12

SE CONNAITRE SOI-MÊME ?

Conte n° 12 – Le moineau héroïque

Nous avons écouté l'histoire d'un moineau qui voulait ressembler à un aigle et qui n'a pas pris la mesure de ses forces.

- **Après la discussion, je rédige ma sagesse du jour :**

....

- **Comme sagesse du jour, la classe a voté en majorité pour la sagesse suivante :**

....

- **M'est-il déjà arrivé de me prendre pour un héros / une héroïne ? OUI/NON**

Si oui, que dois-je me dire la prochaine fois que cela m'arrive ?

....

....

- **J'illustre l'atelier par un dessin, une pensée, un collage... :**

12. Le moineau héroïque

Il était une fois un tout petit moineau. Perché sur une branche, il regardait passer un troupeau de moutons sous son arbre. Tout à coup, le ciel s'assombrit au-dessus de lui. Avec des battements d'ailes claquant dans le vent, un aigle descendit vers lui, fila sous son nez, se jeta sur un agneau et l'emporta vers son nid dans la haute montagne du Kilimandjaro.

La peur passée, le moineau se frotta les yeux et pensa : « Je vais faire de même. Je vais suivre l'exemple de l'aigle ». Il déploya ses ailes, se jeta sur le bélier qui passait sous son arbre et disparut dans la toison épaisse du quadrupède. Pour se débarrasser des picotements qui l'assaillirent dans le dos, le bélier se roula par terre et ... écrasa le moineau.

Ce fut la fin de notre héros et c'est aussi la fin de notre histoire.

Questions du philosophe

– « Connais-toi toi-même », disait Socrate. Pourquoi est-ce si important ?
– Pourquoi faut-il mesurer ses propres forces avant d'entreprendre n'importe quelle action ?
– La chute du moineau est-elle comparable à celle d'Icare ? Que nous apprend-elle ?

Discussion à visée philosophique n° 13

OSER AFFIRMER SON INTELLIGENCE ?

ENJEU(X) PHILOSOPHIQUE(S)	***Oser affirmer son intelligence, malgré les envieux.***
OBJECTIF(S) : COGNITIF, CONATIF OU AFFECTIF.	Faire découvrir qu'il est important de s'affirmer pour atteindre un équilibre intérieur, même si s'affirmer peut engendrer des envieux.
COMPÉTENCES SPÉCIFIQUES À ACQUÉRIR	Outre les compétences qu'une DVP permet de faire acquérir, viser principalement à ce que l'élève apprenne à se connaitre (C2), n'hésite pas à affirmer son intelligence sans craindre les autres (C43) et, inversement, sache reconnaitre les autres dans leurs différences (C49).
MATÉRIEL ET SUPPORT	– Jan Lantier, *Contes philosophiques en Afrique*, « 13. L'envie est mauvaise conseillère ». – Tableau ou panneau pour recueillir les questions. – Carnet de l'apprenti philosophe.
DÉROULEMENT DE L'ACTIVITÉ	Écrire au tableau les noms des protagonistes pour favoriser la compréhension à l'audition : Anigouran, Adelasegh. – L'enseignant lit le conte « 13. L'envie est mauvaise conseillère ». **1-2-3** (Vérification de la compréhension du récit, cueillette et reformulation des questions.)
	Exemples de questions recueillies par Claudine Leleux dans une classe de 5e primaire de Catherine Jeanmart :
	a. Pourquoi le père expulse-t-il son fils parce qu'il est plus intelligent que lui ? b. Pourquoi le père est-il jaloux de son fils ? c. Pourquoi le père n'est-il pas content de son fils ? d. Pourquoi seuls le chef et son fils sont-ils capables de résoudre des énigmes ?

	4-5 (Amorçage de la discussion et élargissement du champ de discussion.) – Anigouran apprécie-t-il l'intelligence de son fils ? (Oui au début, mais il se sent ensuite menacé par elle, et, part la rechercher.) – Vous est-il déjà arrivé d'être apprécié pour votre intelligence, votre réflexion, votre esprit logique ? – Pensez-vous que cela puisse faire des jaloux, des envieux ? – Quand quelqu'un est jaloux, envieux, comment cela peut-il se manifester ? – Doit-on se préoccuper des jaloux, des envieux ? Pourquoi ? – Un philosophe allemand dit qu'il vaudrait mieux ne pas avoir d'enfants si on est envieux. Pourquoi ? « *Celui-là est un envieux – il ne faut pas lui souhaiter d'enfants : il leur envierait ce qu'il ne peut plus être lui-même : un enfant.* » Friedrich Nietzsche [1887, aphorisme 207]. – ...
PROJET DE CONCLUSION (ACTIVITÉ DE SYNTHÈSE)	**6-7-8-9** (Production d'une sagesse individuelle, reformulation de celle-ci avant de l'inscrire au tableau, vote et statut de la sagesse du jour de la classe.) Exemples de questions recueillies par Claudine Leleux dans une classe de 5e primaire de Catherine Jeanmart : • ***Accepte-nous comme nous sommes*** (10 voix) (sagesse votée par la classe) • Ne sois pas jaloux parce que tout le monde a des qualités et des défauts (6 voix) • Sois content de ce que tu es et de ce que tu as (4 voix) • Regarde ce que tu as, plutôt que de regarder ce que les autres ont (6 voix) • Ne sois pas jaloux, tu sais peut-être faire des choses que je ne sais pas faire (5 voix).
ACTIVITÉ D'INTÉGRATION (PRODUCTION INDIVIDUELLE OU COLLECTIVE)	**10** L'enseignant fait réfléchir les enfants à la manière dont ils devraient réagir quand quelqu'un les jalouse. Il veille au transfert possible de la « Sagesse du jour de la classe » dans le contexte scolaire au cours de l'année.

LIEN AVEC D'AUTRES ACTIVITÉS D'ENSEIGNEMENT (CF. SOCLE DE COMPÉTENCES)	Éducation artistique : par exemple : Permettre un équilibre intérieur personnel.
PROLONGEMENT ÉVENTUEL	L'enseignant peut revenir sur le sujet en partant cette fois de la citation de Chateaubriand : « *Ces pauvres envieux, en raison de leur secrète misère, se rebiffent contre le mérite* » (Petit Robert)

Nom, prénom :.............................. Date : ....

Discussion à visée philosophique n° 13

OSER AFFIRMER SON INTELLIGENCE ?

Conte n° 13 – L'envie est mauvaise conseillère

Nous avons écouté l'histoire d'un père qui appréciait l'intelligence, la réflexion et l'esprit logique de son fils, avant de se sentir menacé par lui. Il a voulu se débarrasser de son fils jusqu'au moment où il s'ennuyait de lui parce qu'il n'avait plus personne avec qui réfléchir.

Friedrich Nietzsche, philosophe allemand [1844-1900], disait : *« Celui-là est un envieux – il ne faut pas lui souhaiter d'enfants : il leur envierait ce qu'il ne peut plus être lui-même : un enfant. »*

(*Le gai savoir*, trad. P. Klossowski, folio essais, 1982, n° 17, aphorisme 207).

Source de l'image :

http://asja.artblog.fr/248829/42-Travail-et-ennui-Friedrich-Nietzsche-dans-Le-Gai-Savoir/

- **Après la discussion, je rédige ma sagesse du jour :**

....

- **Comme sagesse du jour, la classe a voté en majorité pour la sagesse suivante :**

....

- **Lorsque quelqu'un me jalouse, m'envie, pour l'une de mes qualités, je**

....

- **J'illustre l'atelier par un dessin, une pensée, un collage... :**

13. L'envie est mauvaise conseillère

Anigouran était le chef de sa tribu car il était le plus malin. Très vite, son fils Adelasegh devint tout aussi intelligent que lui. Cela contraria Anigouran qui mit Adelasegh à l'épreuve. Grand amateur d'énigmes, le chef de la tribu demanda à son fils comment il avait été possible que lors du retour d'un long voyage sa femme l'eût accueilli en souriant tout en pleurant. Adelasegh répondit que sa mère souriait parce qu'elle était contente de revoir son mari et qu'elle pleurait car elle était justement en train d'éplucher un gros oignon.

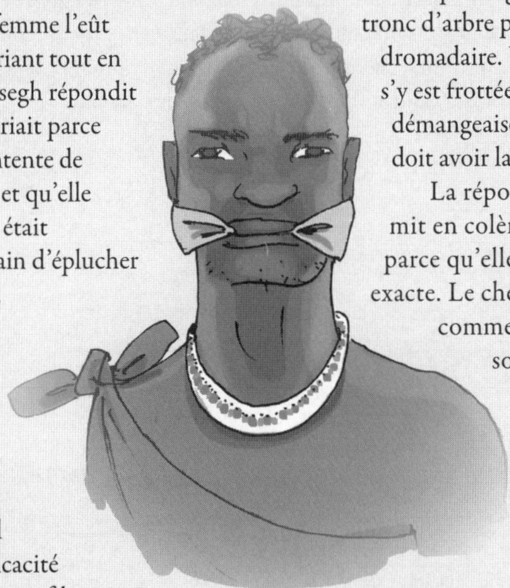

Anigouran ne fut pas content d'entendre cette réponse parce qu'elle était correcte. Il enviait la perspicacité grandissante de son fils et décida de le soumettre à une épreuve pratique :

– Adelasegh, mon troupeau de dromadaires est rentré du pâturage au campement et je suis donc au courant de l'état de santé de mes animaux. Sais-tu si une de mes bêtes est malade sans aller les voir ?

Adelasegh demanda une heure de réflexion, alla examiner le pâturage et revint avec la réponse suivante :

– Cher père, un de vos dromadaires est malade.

– Et qu'est-ce qui te fait dire cela, cher fils ?

– Au pâturage, j'ai trouvé un tronc d'arbre plein de poils de dromadaire. Une des bêtes s'y est frottée pour calmer ses démangeaisons. L'animal doit avoir la gale.

La réponse d'Adelasegh mit en colère Anigouran parce qu'elle était à nouveau exacte. Le chef de la tribu commençait à craindre son fils. Si l'intelligence de celui-ci se développait à cette allure, Adelasegh le détrônerait bientôt. Il fallait éliminer ce fils trop malin. Pour ce faire, Anigouran ordonna à Adelasegh d'aller chercher de l'eau à un puits éloigné, tout en sachant que cet endroit était contrôlé par des brigands. Adelasegh monta sur sa jument, partit pour le puits et y fut encerclé aussitôt par une horde de bandits. Ils capturèrent l'animal et son cavalier et les conduisirent à leur repaire secret.

Le lendemain, ne voyant pas revenir son fils, Anigouran comprit qu'il s'était bel et bien débarrassé de ce jeune homme encombrant.

Les premiers mois, le chef de la tribu savoura sa victoire mais, peu de temps après, il s'en attrista car sa femme ne savait pas répondre aux énigmes qu'il lui posait, les membres de sa tribu ne savaient pas relever les défis pratiques qu'il leur lançait et il n'avait plus personne avec qui il pouvait tout simplement mener une discussion un tant soit peu intéressante.

Alors, il convoqua tous les hommes de la tribu, forma des groupes pour partir aux quatre vents et leur ordonna de retrouver Adelasegh. Quelques jours de recherche suffirent pour que celui-ci fût de retour au campement. Anigouran se réconcilia avec son fils et le nomma premier conseiller du chef.

Questions du philosophe

– Oser affirmer son intelligence, malgré les envieux ?
– Suffit-il d'être intelligent pour être heureux ?
– L'envie / la jalousie ne font-elle pas des victimes ?

Discussion à visée philosophique n° 14

POUVOIR D'UN SEUL OU DE TOUS ?

ENJEU(X) PHILOSOPHIQUE(S)	***Monarchie absolue (pouvoir d'un seul) ou démocratie (pouvoir du peuple, de tous) ?***
OBJECTIF(S) : COGNITIF, CONATIF OU AFFECTIF.	Faire découvrir qu'il est utile de déléguer notre pouvoir pour régler les conflits, à condition que ceux qui nous représentent n'abusent pas de ce pouvoir ; que nous pouvons nous-mêmes régler certains problèmes.
COMPÉTENCES SPÉCIFIQUES À ACQUÉRIR	Outre les compétences qu'une DVP permet de faire acquérir, viser principalement à ce que l'élève discerne « intérêt personnel, particulier, partisan, général » et évalue les situations où il vaut mieux recourir à l'autorité et celles où il vaut mieux s'autogérer (C5).
MATÉRIEL ET SUPPORT	– Jan Lantier, *Contes philosophiques en Afrique*, « 14. La querelle des oiseaux ». – Image de marabout : Source : http://www.oiseaux.net/photos/callie.de.wet/marabout.d.afrique.1.html  – Image de héron : Source : http://www.reserve-camargue.org/spip.php?article44  – Image de martin-pêcheur : Source : http://www.saisons-vives.com/frontoffice/index.asp?id=103  – Tableau ou panneau pour recueillir les questions. – Carnet de l'apprenti philosophe.

DÉROULEMENT DE L'ACTIVITÉ	Écrire au tableau les noms ou, éventuellement, afficher les photos des oiseaux du conte pour faciliter la compréhension à l'audition. – L'enseignant lit le conte « 14. La querelle des oiseaux ». 1-2-3 (Vérification de la compréhension du récit, cueillette et reformulation des questions.)
	Exemples de questions proposées par la classe de 1re primaire d'Anne Hodara :
	a. Est-ce qu'on peut se débrouiller tout seul quand on a un problème ? b. Pourquoi est-ce qu'il faut un chef par exemple dans la salle à manger ? c. Est-ce que c'est gai d'être un chef ? d. Est-ce qu'un enfant peut être un chef ? e. Est-ce qu'on a toujours besoin d'un chef quand il y a une bagarre ? f. Dans la cour, on peut demander aux délégués plutôt qu'à une grande personne ?
	Exemples de questions proposées par la classe de 2e primaire d'Annick Perona :
	a. Un roi devrait-il donner plus à sa famille ? b. Que devrait faire le roi pour être un bon roi ? c. Comment arrêter nos disputes ? Avec ou sans « chef » ?
	Exemples de questions proposées par la classe de 3e primaire de Ben Haas :
	a. Comment éviter que quelqu'un qu'on a élu, profite de sa situation, ne pense qu'à ses propres intérêts et néglige ceux de ses électeurs ? b. Penses-tu qu'en classe, tu as avec les autres élèves, le droit à la parole et la décision sur des questions qui te concernent ?
	Exemples de questions proposées par la classe de 4e primaire de Catherine Jeanmart :
	a. Pourquoi a-t-on besoin d'un roi ? b. Pourquoi les rois auraient-ils plus de droits que les autres ? c. Pourquoi se disputer et comment résoudre cela ?

Exemples de questions proposées par la classe de 5e primaire d'Émilie Vandermeersch :

a. Pourquoi le marabout et le héron prennent-ils tout ?
b. Pourquoi le marabout et le héron sont-ils égoïstes ?
c. Pourquoi, chez nous aussi, le roi a-t-il un grand palais ?
d. Pourquoi les oiseaux ont-ils besoin d'un roi et ne font-ils pas des conseils d'oiseaux pour résoudre leurs problèmes ?

4-5

(Amorçage de la discussion et élargissement du champ de discussion.)

- Pourquoi les oiseaux ont-ils besoin d'un « Roi », d'un « chef » ou d'un représentant ?
- Dans quels cas, a-t-on besoin de recourir à des représentants ? « **Exemples OUI** » pour permettre aux élèves de comprendre l'utilité ou la nécessité de s'en remettre à un « Roi », à un représentant ou à une figure d'autorité :
  - lorsqu'on n'est pas capable de canaliser ses émotions, sa violence et de régler les problèmes par la discussion ;
  - lorsqu'on veut que « Justice » soit rendue ;
  - pour ne pas faire « Justice » soi-même ;
  - lorsqu'il faut gérer la prise de parole ;
  - lorsqu'il nous faut représenter notre point de vue au Conseil (d'école) ;
  - lorsqu'il faut gérer, organiser, centraliser (les horaires, un projet de classe, une excursion....) ;
  - lorsqu'on ne sait pas ou que l'on manque d'expérience sur ce qu'il y a à faire (la figure d'autorité prend alors la forme de l'expert) ;
  - lorsqu'on est dans une situation de danger (la figure d'autorité prend alors la forme de la personne-ressource)...
- Dans quel cas n'avons-nous pas besoin de nous en remettre à un « Roi », « chef » ou représentant ? « **Exemples NON** » pour permettre aux élèves de comprendre qu'il y a des situations, contextes, types de problèmes qui ne nécessitent pas le recours à un « Roi », à une figure d'autorité ou à un représentant :
  - lorsqu'on arrive à se mettre d'accord sans violence (par la discussion) ;
  - lorsqu'on arrive à trouver un compromis (sans gagnant ni perdant) ;

	• lorsqu'on arrive à pouvoir prendre le point de vue de l'autre (exemple : lorsqu'on se dispute à propos du jeu qu'on va jouer : « on va jouer à ton jeu et puis au mien ») ; • lorsque quelqu'un veut devenir le « Roi », le « chef » à la manière du marabout et du héron dans le conte (dans le but de satisfaire ses propres intérêts et non l'intérêt général ou l'intérêt de tous) ; • lorsqu'on est capable de se répartir les responsabilités (la répartition des charges et des métiers, des rôles), de prendre en charge une partie du problème...
PROJET DE CONCLUSION (ACTIVITÉ DE SYNTHÈSE)	**6-7-8-9** (Production d'une sagesse individuelle, reformulation de celle-ci avant de l'inscrire au tableau, vote et statut de la sagesse du jour de la classe.)
	Exemples de sagesses produites par la classe de 1re primaire d'Anne Hodara :
	• ***On a souvent besoin d'un chef, un adulte ou un enfant, pour régler nos problèmes*** (sagesse votée par la classe par 16 voix) • Parfois, c'est inutile d'avoir un chef parce qu'on peut s'entendre très bien entre nous. • Il faut un chef ou des parents pour décider ; s'il n'y avait que des enfants, ce serait la bagarre.
	Exemples de sagesses produites par la classe de 2e primaire d'Annick Perona :
	• Les oiseaux ont besoin d'un chef pour arrêter leur dispute. Les enfants aussi : s'ils se tapent, seul un « chef » peut les arrêter. • ***Nous pourrions arrêter nos disputes sans chef si nous parlions sans nous bagarrer, calmement, et si nous avions tous la même chose (matériel) et les mêmes traitements*** (sagesse votée par la classe par 10 voix) • Nous pourrions arrêter nos disputes en parlant avec celui avec qui on se dispute.

	• Nous pourrions arrêter une dispute en appelant une institutrice. Celle-ci ne doit pas être injuste et doit punir le « méchant » (elle ne doit pas punir forcément les deux). • Nous pourrions arrêter une dispute en appelant un chef. • Pour arrêter et éviter des disputes, il faut être gentil avec l'autre. Si quelqu'un me tape, j'appelle Madame car j'ai peur. • Pour arrêter une dispute, parfois nous avons besoin de Madame quand on dit : « arrête », et que l'autre n'écoute pas et n'arrête pas. • Parfois, nous réglons nos problèmes seuls quand on s'entend et que nous faisons la paix.
	Exemples de sagesses produites par la classe de 3e primaire de Ben Haas :
	• Le roi n'est pas seul à décider, chaque personne doit participer à la décision. • ***Il faut instaurer la démocratie partout*** (sagesse votée par la classe par 14 voix) • On n'a pas besoin d'un roi qui ne soit pas élu par nous. • Un roi n'est pas bon s'il est égoïste. • La classe doit coopérer et décider ensemble.
	Exemples de sagesses produites par la classe de 4e primaire de Catherine Jeanmart :
	• ***Nous n'avons pas besoin de roi à partir du moment où nous savons régler nos problèmes par nous-mêmes*** (sagesse votée par la classe par 15 voix) • Nous avons besoin d'un roi du moment qu'il respecte tout le monde. • Nous avons besoin d'un roi seulement dans certains cas. • Nous avons besoin d'une personne pour gérer la vie ensemble. • Nous avons besoin de quelqu'un pour nous aider dans certains cas. • Besoin d'un roi pour faire les lois.

	Exemples de sagesses produites par la classe de 5e primaire d'Émilie Vandermeersch :
	• Tu peux régler les problèmes seul ou avec tes amis si ce n'est pas violent. • L'égalité, c'est important. • Ensemble, on résout presque tous les problèmes. • Quand il y a de la violence, appelle les grandes personnes. • D'abord, parles-en et si ce n'est pas réglé appelle une grande personne. • Mêle-toi moins des choses qui ne te regardent pas et dispute-toi moins. • ***Règle les problèmes en parlant et si ça devient trop dangereux appelle une grande personne*** (sagesse votée par la classe par 6 voix)
ACTIVITÉ D'INTÉGRATION (PRODUCTION INDIVIDUELLE OU COLLECTIVE)	10 L'enseignant fait réfléchir les enfants au principe de Thomas Hobbes en le reprochant du principe de Montesquieu (« Ma liberté s'arrête là où commence celle des autres ») : *« que l'on consente, quand les autres y consentent aussi, à se dessaisir, dans toute la mesure où l'on pensera que cela est nécessaire à la paix et à sa propre défense, du droit qu'on a sur toute chose ; et qu'on se contente d'autant de liberté à l'égard des autres qu'on en concéderait aux autres à l'égard de soi-même. Car, aussi longtemps que chacun conserve ce droit de faire tout ce qui lui plaît, tous les hommes sont dans l'état de guerre. »* Thomas Hobbes, [1651, p. 129]. Il veille au transfert possible de la « Sagesse du jour de la classe » dans le contexte scolaire au cours de l'année.
LIEN AVEC D'AUTRES ACTIVITÉS D'ENSEIGNEMENT (CF. SOCLES DE COMPÉTENCES)	Éveil historique : par exemple : la dictature nazie.
PROLONGEMENT ÉVENTUEL	Des extraits d'autres philosophes politiques peuvent servir de support à d'autres discussions abordant des aspects différents de la démocratie (Voir Claudine Leleux [1997a] et [2003a]).

Nom, prénom :. . . . . Date : . . . .

Discussion à visée philosophique n° 14

POUVOIR D'UN SEUL OU DE TOUS ?

Conte n° 14 – La querelle des oiseaux

Nous avons écouté l'histoire d'oiseaux qui se disputaient. Pour résoudre leurs conflits, ils élisent d'abord un marabout puis un héron mais ceux-ci abusent de leur pouvoir. Les oiseaux décident alors de régler leurs problèmes eux-mêmes en décidant tous ensemble.

- **Après la discussion, je rédige ma sagesse du jour :**

. . . .

- **Comme sagesse du jour, la classe a voté en majorité pour la sagesse suivante :**

. . . .

Thomas Hobbes, un penseur britannique du 17e siècle dit :

« que l'on consente, quand les autres y consentent aussi, à se dessaisir, dans toute la mesure où l'on pensera que cela est nécessaire à la paix et à sa propre défense, du droit qu'on a sur toute chose ; et qu'on se contente d'autant de liberté à l'égard des autres qu'on en concéderait aux autres à l'égard de soi-même. Car, aussi longtemps que chacun conserve ce droit de faire tout ce qui lui plaît, tous les hommes sont dans l'état de guerre. » (Thomas Hobbes, *Léviathan. Traité de la matière, de la forme et du pouvoir de la république ecclésiastique et civile* [1651], trad. F. Tricaud, Sirey, 1971, p. 129).

(Source image : engl200e.files.wordpress.com)

Qu'est-ce que Hobbes veut dire par là ? J'essaie d'expliquer cette phrase avec des mots simples :

. . . .

En quoi cette pensée s'appliquerait à la vie du groupe de la classe ?

. . . .

- **J'illustre l'atelier par un dessin, une pensée, un collage... :**

14. La querelle des oiseaux

De la forêt vierge s'élevèrent des coassements et des cris, des jacassements et de la colère, des insultes et des vociférations. Une fois de plus, les oiseaux se disputaient. Le vacarme qu'ils faisaient était tel que le lion, roi des animaux, en perdait le sommeil. Il rugit et exigea le silence. Quand plus aucun oiseau n'ouvrit le bec, il leur ordonna :

– Élisez un roi parmi vous pour qu'enfin une autorité mette fin à vos querelles !

Les oiseaux se regardèrent, opinèrent de la tête et remercièrent le lion de son bon conseil.

Le marabout présenta sa candidature et fut élu premier roi des oiseaux. Très vite, celui-ci profita de sa nouvelle position pour répartir la nourriture entre ses électeurs de telle façon que les membres de sa famille mangeaient deux fois plus que tous les autres. Aussi vite, le boucan reprit dans la forêt et après un deuxième rugissement du lion, les volatiles se réunirent pour destituer le marabout et élire un nouveau roi.

Le héron mit en avant sa candidature et fut élu. Le deuxième roi des oiseaux profita de sa position pour répartir les branches et brindilles de telle façon que les membres de sa famille logeaient dans des palais, tandis que tous les autres devaient se contenter de pauvres nids. Les protestations fusèrent à nouveau de toutes parts et après le troisième rugissement du lion, les oiseaux se rassemblèrent pour réfléchir sur la manière dont ils allaient résoudre leurs problèmes.

Le martin-pêcheur se hissa sur la branche d'un gros arbre pour être bien vu de tout le monde et déclara :

– Les rois décident à notre place et nous avons vu qu'ils décident mal. Je propose que dorénavant nous décidions nous-mêmes. Je fais ainsi la

proposition qu'à partir d'aujourd'hui, nous répartissions aussi bien la nourriture que les branches et les brindilles de façon équitable. Je demande à ceux qui sont d'accord avec moi de lever l'aile gauche.

Hormis le marabout et le héron, tous les autres oiseaux votèrent la loi du martin-pêcheur.

C'est ainsi que les oiseaux résolurent leurs querelles.

Questions du philosophe

– Faut-il refuser que quelqu'un, qu'on a élu, profite de sa situation, ne pense qu'à ses propres intérêts et néglige ceux de ses électeurs ?

– Penses-tu qu'en classe, tu as, avec les autres élèves, le droit à la parole et à la décision sur des questions qui te concernent ?

Film sur le DVD

Discussion à visée philosophique n° 15

FAIRE LE BIEN POUR ÉVITER LA SANCTION ?

ENJEU(X) PHILOSOPHIQUE(S)	***Faire le bien pour le bien ou faire le bien pour éviter la sanction ?***
OBJECTIF(S) : COGNITIF, CONATIF OU AFFECTIF.	À partir d'un conte dont la « morale de l'histoire » est « le voleur volé » ou « l'assassin assassiné », faire découvrir que, comme le pensait Platon, la justice et la sanction judiciaire ont pour fonction de forcer les personnes à être justes et à faire le bien, sans toutefois empêcher le crime. L'objectif est ici de faire réfléchir à la question : ne doit-on faire le bien ou le juste que sous la menace de la sanction ou en conscience faire le bien (ou le juste) pour le bien (ou le juste) ?
COMPÉTENCES SPÉCIFIQUES À ACQUÉRIR	Outre les compétences qu'une DVP permet de faire acquérir, viser principalement à ce que l'élève apprenne à se connaitre (C2), hiérarchise deux attitudes (ne pas voler par respect de la propriété de l'autre ou ne pas voler de peur d'être sanctionné) (C5), diffère ses désirs (C48), se respecte soi-même (C50) et préfère la valeur du bien ou du juste (C52).
MATÉRIEL ET SUPPORT	– Jan Lantier, *Contes philosophiques en Afrique*, « 15. Dernier voyage ». – Carte d'Afrique pour localiser le Mali. – Tableau ou panneau pour recueillir les questions. – Carnet de l'apprenti philosophe. 
DÉROULEMENT DE L'ACTIVITÉ (VOIR LE DVD EN ANNEXE)	Écrire au tableau les noms des villes de Kidal, de Boughessa, ou afficher la carte du Mali pour faciliter la compréhension à l'audition. – L'enseignant lit le conte « 15. Dernier voyage ». **1-2-3** (Vérification de la compréhension du récit, cueillette et reformulation des questions.)
	Exemples de questions proposées lors de l'animation d'une 5e primaire par Claudine Leleux dans la classe de Catherine Jeanmart (voir le film sur le DVD) :
	a. Pourquoi le brigand a-t-il tué son ami ? b. Pourquoi chacun des brigands ne se contente-ils pas de la moitié de la richesse, mais veut-il le tout ? c. Pourquoi être égoïste envers l'autre ?

Plan de discussion :
- Quel est le message de l'auteur ? (Se contenter de ce qu'on a, risquer un destin funeste si on veut plus que ce que l'on a)
- Est-ce bien/mal de voler ? Pourquoi ?
- Est-ce que la loi nous interdit de voler ?
- A-t-on besoin de la loi pour savoir que c'est mal ? (introduction de la notion de « conscience morale »)
- Est-ce que la loi peut empêcher certains de faire le mal ?
- Donnez quelques exemples d'actualité où certains passent outre la loi, la transgressent.
- Vous arrive-t-il de transgresser la loi ? Donnez quelques exemples.

« Petit bonhomme pendu » pour retrouver le nom du philosophe dont il va être question : P . . . . N.

Raconter la fable de l'anneau de Gygès, soit à partir de Michel Piquemal, Philippe Lagautrière [2003, pp. 76-77], soit lire le texte original de Platon – ce qui est préférable pour donner le gout aux enfants de lire les grands classiques :

> Gygès le Lydien « était berger au service du roi qui gouvernait alors la Lydie. Un jour, au cours d'un violent orage accompagné d'un séisme, le sol se fendit et il se forma une ouverture béante près de l'endroit où il faisait paitre son troupeau. Plein d'étonnement, il y descendit, et, entre autres merveilles que la fable énumère, il vit un cheval d'airain creux, percé de petites portes ; s'étant penché vers l'intérieur, il y aperçut un cadavre de taille plus grande, semblait-il, que celle d'un homme, et qui avait à la main un anneau d'or, dont il s'empara ; puis il partit sans prendre autre chose. Or, à l'assemblée habituelle des bergers qui se tenait chaque mois pour informer le roi de l'État de ses troupeaux, il se rendit portant au doigt cet anneau. Ayant pris place au milieu des autres, il tourna par hasard le chaton de la bague vers l'intérieur de sa main ; aussitôt il devint invisible à ses voisins qui parlèrent de lui comme s'il était parti. Étonné, il mania de nouveau la bague en tâtonnant, tourna le chaton en dehors et, ce faisant, redevint visible. S'étant rendu compte de cela, il répéta l'expérience pour voir si l'anneau avait bien ce pouvoir ; le même prodige se reproduisit : en tournant le chaton en dedans il devenait invisible, en dehors visible. Dès qu'il fut sûr de son fait, il fit en sorte d'être au nombre des messagers qui se rendaient auprès du roi. Arrivé au palais, il séduisit la reine, complota avec elle la mort du roi, le tua, et obtint ainsi le pouvoir. » (Platon, *République*, II, 359de-360ab).

	4-5 (Amorçage de la discussion et élargissement du champ de discussion.) – Platon pense que bien souvent les hommes font le bien ou le juste parce qu'ils ont peur de la loi et de la punition ou parce qu'ils veulent être récompensés pour leurs actes. Êtes-vous d'accord avec Platon ? Oui, non, pourquoi ? – Peut-on être honnête pour d'autres raisons ? Lesquelles ? (Parce qu'on a une conscience morale, parce qu'on est d'accord avec la *Règle d'or* et qu'on voudrait que les autres soient honnêtes avec nous : *Ne fais pas à autrui ce que tu ne voudrais pas qu'il te fasse* ; par respect pour soi-même – autonomie : obtenir par soi-même ; par respect pour les autres ; par attachement à la valeur du bien, du juste, en vue de son propre bonheur...)
PROJET DE CONCLUSION (ACTIVITÉ DE SYNTHÈSE – VOIR DVD EN ANNEXE)	**6-7-8-9** (Production d'une sagesse individuelle, reformulation de celle-ci avant de l'inscrire au tableau, vote et statut de la sagesse du jour de la classe.)
	Exemples de sagesses recueillies par Claudine Leleux dans une classe de 5e primaire de Catherine Jeanmart (voir le film sur le DVD) :
	• Si tu veux une chose, demande-la et ne la vole pas (7 voix) • Ne tue personne, autrement tu pourrais le regretter (9 voix) • Si tu avais l'anneau de Gigès, utilise-le pour faire de petites blagues ou de petits délits (1 voix) ***• Ne te laisse pas aveugler par le crime et l'argent (12 voix)*** • Si tu avais l'anneau de Gigès, ne fais pas trop de mal (5 voix) • Ne fais pas mal à l'autre, parce que tu vas te sentir mal (5 voix) • Ne vole pas, ne tue pas. Partage, c'est mieux comme ça (10 voix) • Tuer ne fait pas le bien (6 voix) • Voler c'est mal. On peut se faire punir et ressentir de la culpabilité (4 voix).

ACTIVITÉ D'INTÉGRATION (PRODUCTION INDIVIDUELLE OU COLLECTIVE)	10 Les élèves sont invités dans leur carnet à répondre à deux questions : « Si je pouvais me rendre invisible, en profiterais-je, comme le Lydien, pour commettre le mal ? Oui, non ? Pourquoi ? » ; « À quoi sert la loi, le Droit ? » (à nous contraindre à faire le juste quand nous n'en avons pas envie). L'enseignant veille au transfert possible de la « Sagesse du jour de la classe » dans le contexte scolaire au cours de l'année.
LIEN AVEC D'AUTRES ACTIVITÉS D'ENSEIGNEMENT (CF. SOCLES DE COMPÉTENCES)	
PROLONGEMENT ÉVENTUEL	

Nom, prénom :............................... Date :...............

Discussion à visée philosophique n° 15

FAIRE LE BIEN POUR ÉVITER LA SANCTION ?

Conte n° 15 – Dernier voyage

Nous avons écouté l'histoire de deux brigands qui, non seulement, complotent pour voler un marchand mais veulent, en plus, être chacun le seul bénéficiaire du méfait. Projetant chacun d'assassiner l'autre, ils meurent tous les deux.

- **Après la discussion, je rédige ma sagesse du jour :**

....

- **Comme sagesse du jour, la classe a voté en majorité pour la sagesse suivante :**

....

- **Je complète : P . . . . N**

Platon, un penseur de l'antiquité grecque (4e siècle avant notre ère) raconte l'histoire de l'anneau de Gygès :

Gygès le Lydien « était berger au service du roi qui gouvernait alors la Lydie. Un jour, au cours d'un violent orage accompagné d'un séisme, le sol se fendit et il se forma une ouverture béante près de l'endroit où il faisait paitre son troupeau. Plein d'étonnement, il y descendit, et, entre autres merveilles que la fable énumère, il vit un cheval d'airain creux, percé de petites portes ; s'étant penché vers l'intérieur, il y aperçut un cadavre de taille plus grande, semblait-il, que celle d'un homme, et qui avait à la main un anneau d'or, dont il s'empara ; puis il partit sans prendre autre chose. Or, à l'assemblée habituelle des bergers qui se tenait chaque mois pour informer le roi de l'État de ses troupeaux, il se rendit portant au doigt cet anneau. Ayant pris place au milieu des autres, il tourna par hasard le chaton de la bague vers l'intérieur de sa main ; aussitôt il devint invisible à ses voisins qui parlèrent de lui comme s'il était parti. Étonné, il mania de nouveau la bague en tâtonnant, tourna le chaton en dehors et, ce faisant, redevint visible. S'étant rendu compte de cela, il répéta l'expérience pour voir si l'anneau avait bien ce pouvoir ; le même prodige se reproduisit : en tournant le chaton en dedans il devenait invisible, en dehors visible. Dès qu'il fut sûr de son fait, il fit en sorte d'être au nombre des messagers qui se rendaient auprès du roi. Arrivé au palais, il séduisit la reine, complota avec elle la mort du roi, le tua, et obtint ainsi le pouvoir. »

Platon, *République*, II, 359de-360ab.

(Source image : www.larousse.fr/encyclopedie/oeuvre/Protagoras/139688)

- **Si je pouvais me rendre invisible, en profiterais-je, comme le Lydien, pour commettre le mal ? Oui, non ? Pourquoi ?**

....

....

- **À quoi sert la loi, le Droit ?**

....

....

- **J'illustre l'atelier par un dessin, une pensée, un collage... :**

15. Dernier voyage

Dans la ville de Kidal au Mali, un commerçant s'apprêtait à acheminer ses produits vers la ville de Boughessa de l'autre côté du désert. Ses serviteurs chargeaient les marchandises sur le dos des dromadaires.

Cachés dans un grenier en face de la maison du marchand, deux brigands observaient le va-et-vient des serviteurs, ce qui leur donna une petite idée. Ils se procurèrent des vêtements dignes d'un commerçant et, après s'être déguisés, ils demandèrent au marchand s'ils pouvaient l'accompagner à Boughessa. Le marchand donna son accord, tandis que les brigands se préparaient à lui voler les marchandises pendant le voyage. Chacun des malfrats projetait toutefois de tuer l'autre pour s'emparer de la totalité des biens du commerçant.

À la fin de la première journée du voyage, les caravaniers dressèrent les tentes et les brigands convinrent avec le marchand de passer la soirée ensemble autour du feu de camp après avoir mangé chacun de leur côté. Dans leurs tentes, les deux brigands se préparèrent à manger, mirent du poison dans les mets et chacun proposa son repas à l'autre. Ainsi ils mangèrent et périrent ensemble.

Une heure plus tard, le marchand vint les chercher parce qu'il voulait leur raconter des histoires auprès du feu. Il découvrit les deux morts et comprit ce qui s'était passé. Les deux bandits avaient fait leur dernier voyage.

Questions du philosophe

– La malhonnêteté est-elle toujours punie ?
– Faire le bien pour le bien ou faire le bien pour éviter la sanction ?
– Pourquoi le vol est-il un crime qui doit être puni ?

Discussion à visée philosophique n° 16

POSSÉDER POUR ÊTRE HEUREUX ?

ENJEU(X) PHILOSOPHIQUE(S)	***La possession de biens matériels peut-elle être source de bonheur ?***
OBJECTIF(S) : COGNITIF, CONATIF OU AFFECTIF.	Faire découvrir que nous cherchons souvent la joie dans la possession d'objets matériels alors qu'on peut la ressentir dans la relation aux autres (l'amour, l'amitié, la famille...).
COMPÉTENCES SPÉCIFIQUES À ACQUÉRIR	Outre les compétences qu'une DVP permet de faire acquérir, viser principalement à ce que l'élève apprenne à se connaitre (C2), hiérarchise deux sources de bonheur (la possession matérielle ou la relation humaine) (C5), exprime ses sentiments et ses besoins (C47), se respecte soi-même (C50) et préfère l'amour à la consommation (C52).
MATÉRIEL ET SUPPORT	– Jan Lantier, *Contes philosophiques en Afrique*, « 16. Trouver la joie ». – Image d'une calebasse : Source : http://www.pantherland.net/?page_id=750  – Image d'un balafon : Source : http://www.afrika.fr/images/articles/afrika/59/balafon%2012%20lames%20iba12l0001-1.jpg 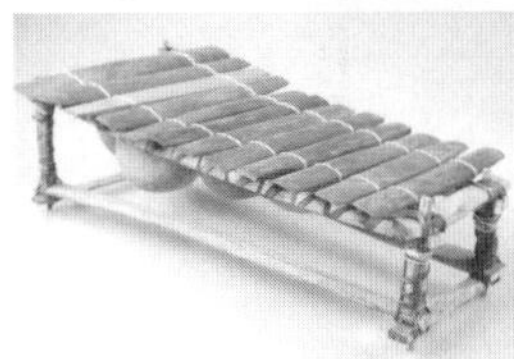 – Tableau ou panneau pour recueillir les questions. – Carnet de l'apprenti philosophe.
DÉROULEMENT DE L'ACTIVITÉ	Éventuellement, afficher les images d'une calebasse et d'un balafon pour faciliter la compréhension à l'audition. – L'enseignant lit le conte « 16. Trouver la joie ». 1-2-3 (Vérification de la compréhension du récit, cueillette et reformulation des questions.) Exemple de question proposée par la classe de 3e primaire lors du stage de Nathalie Sainte-Croix : Pourquoi est-ce qu'il n'avait pas la joie en recevant les cadeaux ?

	4-5 (Amorçage de la discussion et élargissement du champ de discussion). – Vous est-il déjà arrivé de penser que votre bonheur viendrait de la possession ou de l'acquisition d'un objet ? – Vous est-il déjà arrivé de vous rendre compte que vous étiez plus heureux d'être avec quelqu'un ? – Imaginer le dilemme suivant : « Julie n'a pas de bonnes relations avec son grand-père mais elle sait qu'elle recevra une play-station si elle lui rend visite le jour de l'an. Elle adore sa grand-mère qui le lui rend bien et lui porte beaucoup d'affection et d'attention mais n'a pas les moyens de lui faire des cadeaux. Le jour de l'an, que devrait faire Julie, visiter son grand-père ou sa grand-mère ? Pourquoi ? »
PROJET DE CONCLUSION (ACTIVITÉ DE SYNTHÈSE)	6-7-8-9 (Production d'une sagesse individuelle, reformulation de celle-ci avant de l'inscrire au tableau, vote et statut de la sagesse du jour de la classe.)
	Exemples de sagesses produites par la classe de 3e primaire lors du stage de Nathalie Sainte-Croix :
	• Les objets ne rendent pas toujours heureux (5 voix) • Les parents est la chose la plus importante (9 voix) • Les parents, c'est le bonheur (2 voix) • On a besoin des parents mais pas des jouets (1 voix) • La joie est facile à perdre et difficile à retrouver (2 voix) ***• L'importance est que nos parents nous donnent de l'amour*** (12 voix) – (15 voix) (sagesse votée par la classe) • Ce ne sont pas les jouets qui rendent heureux (11 voix) • Il est plus important de rester en famille que de jouer (12 voix) – (4 voix) • Les parents nous donnent de l'amour (11 voix)
ACTIVITÉ D'INTÉGRATION (PRODUCTION INDIVIDUELLE OU COLLECTIVE)	10 L'enseignant fait relire la DVP n°6 et l'échelle personnelle des bonheurs gratuits pour compléter éventuellement celle-ci après la discussion du jour. Il veille au transfert possible de la « Sagesse du jour de la classe » dans le contexte scolaire au cours de l'année.

LIEN AVEC D'AUTRES ACTIVITÉS D'ENSEIGNEMENT (CF. SOCLES DE COMPÉTENCES)	Éducation artistique : par exemple : Se reconnaitre dans ses sensations, ses émotions et reconnaitre les autres. Éveil historique et géographique.
PROLONGEMENT ÉVENTUEL	

Nom, prénom :.............................. Date : ....

Discussion à visée philosophique n° 16

POSSÉDER POUR ÊTRE HEUREUX ?

Conte n° 16 – Trouver la joie

Nous avons écouté l'histoire d'un vieux roi qui voulait trouver la joie. Ses fils parcourent le monde à la recherche de ce qui lui ferait plaisir. Aucun de leurs cadeaux ne lui procure le bonheur. Il ne trouvera la joie que dans l'arrivée de son premier petit fils.

- **Après la discussion, je rédige ma sagesse du jour :**

....

- **Comme sagesse du jour, la classe a voté en majorité pour la sagesse suivante :**

....

- **Je relis dans mon carnet de l'apprenti philosophe la liste de ce qui me rendrait heureux et qui ne coute pas cher (discussion à visée philosophique n°6). Qu'est-ce que j'y ajouterais après la lecture et la discussion d'aujourd'hui :**

....

....

....

....

- **J'illustre l'atelier par un dessin, une pensée, un collage... :**

Disponible sur le DVD

16. Trouver la joie

Le roi était triste. Cela faisait des années qu'il n'avait plus connu la joie. Il en avait assez, plus qu'assez d'être malheureux. Un jour, il appela ses trois fils et leur dit :

– Mes fils, il faut que vous me trouviez la joie. Partez chacun de votre côté pour me la chercher.

Les fils partirent, le premier au Nord, le second au Sud et le dernier à l'Est.

Neuf mois plus tard et après de longues recherches, les trois fils revinrent au château et proposèrent leurs trouvailles à leur père en espérant l'égayer.

Le premier, qui avait voyagé au Nord, sortit une calebasse de son sac et l'offrit à son père. Elle contenait le meilleur vin de palme au monde. Le roi y gouta mais déposa très vite la calebasse par terre. Ce vin de palme ne lui disait rien et il se sentait tout aussi triste.

Le deuxième fils avait rapporté du Sud un balafon qui produisait la plus belle musique au monde. Il en joua un air enchanteur mais, après quelques notes, le roi fit signe qu'il devait s'arrêter. Cette musique ne lui disait rien et il se sentait tout aussi triste.

Le troisième fils avait ramené un petit singe de l'Est. C'était l'animal le plus drôle au monde. Il grimpa sur les genoux du roi et fit des grimaces. Les trois fils rirent mais leur père repoussa l'animal. Ce singe ne lui disait rien et il se sentait tout aussi triste.

Les trois fils tentèrent alors leur dernière chance. Ils abreuvèrent le singe de vin de palme et lui dirent de danser au son du balafon. Le spectacle de l'animal fit pleurer de rire les trois frères mais leur père resta indifférent et triste jusqu'à ce que, tout à coup, un cri retentît à travers le château.

Le roi dressa l'oreille. C'était le cri d'un enfant. Les cris se répétèrent et se rapprochèrent de la salle du trône. Enfin, une sage-femme entra dans la salle un petit bébé dans les bras. La femme du fils ainé venait d'accoucher. Le roi se leva, courut vers la sage-femme et lui prit le bébé des mains : son premier petit-fils ! Un grand sourire se dessina sur ses lèvres et il dit :

– Voilà, j'ai trouvé la joie.

Questions du philosophe

– Faut-il voyager loin ou collecter toutes les richesses du monde pour trouver la joie ?
– De petites choses peuvent-elles nous rendre heureux ?
– La possession de biens matériels peut-elle être source de bonheur ?
– La famille, les enfants et les petits-enfants sont-ils source de bonheur ?

Discussion à visée philosophique n° 17

ENTRE LIBERTÉ ET DÉPENDANCE ?

ENJEU(X) PHILOSOPHIQUE(S)	***Qu'est-ce que s'accorder ?*** ***Entre dépendance et liberté, faut-il choisir ?***
OBJECTIF(S) : COGNITIF, CONATIF OU AFFECTIF.	Faire découvrir que nous devons vérifier qu'autrui nous a bien compris pour ne pas créer de malentendus. Sensibiliser au dilemme : liberté ou sécurité (voire dépendance).
COMPÉTENCES SPÉCIFIQUES À ACQUÉRIR	Outre les compétences qu'une DVP permet de faire acquérir, viser principalement à ce que l'élève apprenne à se connaitre (C2), hiérarchise deux conceptions de la vie (liberté ou sécurité) (C5), exprime ses sentiments et ses besoins (C47) et reconnaisse l'autre dans ses différences (C49).
MATÉRIEL ET SUPPORT	– Jan Lantier, *Contes philosophiques en Afrique*, « 17. Un accord dans le vent ». – Localisation du désert du Kalahari : Source : http://www.ucc.uconn.edu/~epsadm03/Kung.html  – Photo du désert du Kalahari : Source : http://goldscart.com/kalahari-desert-wallpaper/  – Image d'une case : Source : http://www.travelblog.org/Africa/Zambia/Livingstone/blog-350928.html  – Tableau ou panneau pour recueillir les questions. – Carnet de l'apprenti philosophe.

<table>
<tr>
<td rowspan="4">DÉROULEMENT DE L'ACTIVITÉ</td>
<td>Écrire au tableau, pour faciliter la compréhension à l'audition, les noms des protagonistes Kabbo et Kwaba ainsi que le mot « San » (Bochimans ou San, en anglais Bushmen : peuples du Botswana, de Namibie et d'Angola. Occupant jadis tout l'intérieur de l'Afrique méridionale, ils ont été refoulés jusqu'au désert de Kalahari – Source : Larousse 2007).
Afficher ou montrer éventuellement les images.
– L'enseignant lit le conte « 17. Un accord dans le vent ».

1-2-3
(Vérification de la compréhension du récit, cueillette et reformulation des questions.)</td>
</tr>
<tr>
<td>Exemples de questions recueillies par Claudine Leleux dans une classe de 3e primaire Catherine Jeanmart :</td>
</tr>
<tr>
<td>a. Pourquoi Kwaba ne veut-elle pas épouser Kabbo ?
b. Pourquoi Kwaba ne voulait-elle pas laisser entrer Kabbo ?
c. Pourquoi Kwaba est-elle partie ?</td>
</tr>
<tr>
<td>4-5
(Amorçage de la discussion et élargissement du champ de discussion.)
– Kabbo a-t-il clairement expliqué à Kwaba ses intentions ? Oui, non, pourquoi ?
– Si quelqu'un vous dit qu'il veut vous protéger, vous aider..., vous demandez-vous s'il veut autre chose ? Lui demandez-le lui ?
– Les désirs de Kabbo et de Kwaba sont-ils les mêmes ? Que veut l'un et que veut l'autre ?
– Quand quelqu'un vous attire, que vous avez envie de lier une relation avec lui, vous demandez-vous si ses désirs correspondent aux vôtres ? Prenez-vous la peine de vérifier ?
– Kwaba préfère la liberté au mariage, la liberté à la dépendance. Pensez-vous que vivre avec quelqu'un est une dépendance ? Oui, non, pourquoi ?</td>
</tr>
</table>

<table>
<tr><td></td><td>– Vous vivez avec des parents. Pensez-vous que vous êtes dépendants ? Oui, non, pourquoi ?
– À quelle(s) condition(s) pourrions-nous rester libres, indépendants, tout en vivant avec d'autres ?
Lire la fable de La Fontaine, « Le loup et le chien » (dans le carnet de l'apprenti philosophe), établir les points de comparaison avec le conte n°17, amener l'élève à construire les deux concepts et valeurs (liberté / sécurité).
<table>
<tr><td>Kwaba</td><td>Kabbo</td></tr>
<tr><td>Liberté</td><td>Sécurité</td></tr>
<tr><td>Le loup</td><td>Le chien</td></tr>
</table></td></tr>
<tr><td>PROJET DE CONCLUSION (ACTIVITÉ DE SYNTHÈSE)</td><td>6-7-8-9
(Production d'une sagesse individuelle, reformulation de celle-ci avant de l'inscrire au tableau, vote et statut de la sagesse du jour de la classe.)
Exemples de sagesses recueillies par Claudine Leleux dans une classe de 3e primaire Catherine Jeanmart :
• Je te conseille de te protéger (10 voix)
• Sois libre pour faire ce que tu veux (7 voix)
• Marie-toi (7 voix)
• Dis tout de suite tes sentiments (3 voix)
• Recherche la sécurité (6 voix)
• Protège-toi (10 voix) (sagesse votée par la classe)</td></tr>
<tr><td>ACTIVITÉ D'INTÉGRATION (PRODUCTION INDIVIDUELLE OU COLLECTIVE)</td><td>10
L'enseignant demande aux élèves de compléter les phrases au carnet de l'apprenti philosophe visant à une clarification/hiérarchisation personnelle des valeurs de liberté et de sécurité. L'enseignant veille au transfert possible de la « Sagesse du jour de la classe » dans le contexte scolaire au cours de l'année.</td></tr>
<tr><td>LIEN AVEC D'AUTRES ACTIVITÉS D'ENSEIGNEMENT (CF. SOCLES DE COMPÉTENCES)</td><td>Français : par exemple :
Orienter sa parole et son écoute en fonction de la situation de communication.</td></tr>
<tr><td>PROLONGEMENT ÉVENTUEL</td><td>Une réflexion sur les droits fondamentaux des enfants à la liberté et à la sécurité et les devoirs envers soi-même et les autres qu'ils impliquent : voir Claudine Leleux [2006].</td></tr>
</table>

Nom, prénom :............................... Date :...............

Discussion à visée philosophique n° 17

ENTRE LIBERTÉ ET DÉPENDANCE ?

Conte n° 17 – Un accord dans le vent

Nous avons écouté l'histoire d'un jeune homme qui propose à une jeune fille qui l'attirait de lui construire une case pour la protéger des vents. Une fois la case construite, la jeune fille s'y protège mais le jeune homme voudrait y vivre avec elle et l'épouser, aller à la chasse pendant qu'elle prépare le repas. Ce n'était pas l'accord et la jeune fille s'en va.

- **Après la discussion, je rédige ma sagesse du jour :**

....

- **Comme sagesse du jour, la classe a voté en majorité pour la sagesse suivante :**

....

- **Je cherche les points de comparaison entre Kabbo, Kwaba, le loup et le chien à partir de la fable de Jean de La Fontaine réécrite par Michel Piquemal :**

Le Loup et le Chien

« Un loup affamé errait dans la forêt en quête de nourriture, lorsqu'il se trouva face à face avec un grand chien aussi puissant que beau. Il l'aurait bien attaqué, mais le dogue était de haute taille. Aussi le loup préféra-t-il l'aborder humblement. Il lui fit même des compliments sur son beau pelage et son embonpoint.

– Il ne tient qu'à toi d'avoir ma bonne mine, lui répliqua le chien. Quitte tes semblables, abandonne ces forêts où tu meurs de faim, et viens me rejoindre.

– Mais que me faudra-t-il faire ?

– Bien peu de choses : donner la chasse aux mendiants, flatter notre maître. Il te donnera en échange autant de nourriture que de caresses.

Le loup, dont la faim tenaillait le ventre, n'en croyait pas son bonheur. Et, sans plus attendre, il se mit en route avec le dogue.

Mais, chemin faisant, il aperçut le cou pelé du chien.

– Qu'est-ce là ? lui demande-il ?

– Oh, rien, pas grand-chose !

– Mais encore ?

– C'est à cause du collier avec lequel je suis attaché...

– Attaché ! dit le loup. Tu ne cours donc pas où bon te semble ?

– Pas toujours, mais qu'importe !

– À mes yeux, cela importe bien plus que tout au monde. Et pour ce prix-là, je te laisse tes repas, et même les plus grands trésors.

Sur ces mots, le loup s'enfuit vers la forêt, où l'on prétend qu'il rôde encore. »

(Source : Michel Piquemal et Philippe Lagautrière, « Le loup et le chien » d'après le poète Jean de La Fontaine dans *Les philo-fables*, Paris, 2003, Éd. Albin Michel, pp. 58-59).

- **Qu'est-ce qui est le plus important :**

pour le chien : ....

pour le loup : ....

Quelle comparaison peut-on faire avec Kabbo et Kwaba ? Qui est le chien ? Le loup ?

Kabbo ressemble plutôt au ....

Kwaba ressemble plutôt au ....

- **Moi, je me sens plutôt loup ou chien :** ....

Moi, je préfère la .... à la .... parce que ....

....

- **J'illustre l'atelier par un dessin, une pensée, un collage... :**

17. Un accord dans le vent

Dans le désert du Kalahari, la vie était dure pour les San. Le vent du Nord soufflait le froid. Le vent de l'Est remplissait le désert de poussière. Le vent du Sud apportait la canicule et le vent de l'Ouest de gros nuages gonflés de pluie.

Kabbo était un jeune San qui habitait encore la case de ses parents. Chaque jour, il partait à la chasse pour eux et, lors de ses randonnées, il rencontrait parfois une jeune femme nommée Kwaba. Elle n'avait plus de parents, n'avait pas de case, errait dans les dunes du désert et se nourrissait en cueillant des graines et des fruits. Les parents de Kabbo pensaient que la jeune femme était folle et qu'il fallait s'en méfier, mais Kabbo se sentait attiré par elle et la trouvait très belle.

Un jour, Kabbo s'approcha de la jeune femme et lui dit :

– Je vais te bâtir une case pour te protéger des vents.

– C'est très bien, lui répondit Kwaba, construis-moi une case pour me protéger.

Quand la case fut construite, Kabbo invita la jeune femme à s'y installer. Kwaba y entra et ferma aussitôt la porte derrière elle. Kabbo, sur le seuil, ne comprit pas ce qui se passait et frappa à la porte, mais Kwaba ne lui ouvrit pas.

Les jours suivants, à chaque fois que Kabbo revenait de la chasse, il passait par la case de Kwaba et frappait à sa porte. Mais, invariablement, il se heurtait à une porte close, sans la moindre réponse de la jolie femme par laquelle il se sentait tellement attiré.

Après une semaine, Kabbo se décida à parler à Kwaba. Il frappa une fois de plus à sa porte et cria :

– Je t'ai bâti une case. Nous pourrions y vivre ensemble. Je chasserai le gibier et tu prépareras les repas. Nous pourrions nous marier…

– Tu ne m'as pas construit une case pour m'épouser. Tu m'as construit une case pour me protéger contre les vents. Je veux rester libre. Entre la dépendance et la liberté, mon choix est fait, répondit Kwaba. La jeune femme ouvrit la porte, passa devant Kabbo, monta la dune en face et disparut derrière.

Kabbo ne la revit jamais et Kwaba continua d'errer dans les dunes du désert sans aucune protection contre le vent froid du Nord, le vent poussiéreux de l'Est, le vent du Sud trop chaud et le vent de l'Ouest très mouillé de pluie…

Questions du philosophe

– Entre dépendance et liberté faut-il faire le même choix que Kwaba ?
– De bons accords font de bons amis, dit-on. Est-ce vrai ? Et pourquoi ?
– Est-ce qu'on est fou parce qu'on est différent ?

Discussion à visée philosophique n° 18

COOPÉRER POUR ATTEINDRE UN OBJECTIF ?

ENJEU(X) PHILOSOPHIQUE(S)	***Coopérer pour atteindre un objectif ?***
OBJECTIF(S) : COGNITIF, CONATIF OU AFFECTIF.	Faire découvrir que seuls nous sommes parfois incapables d'atteindre nos objectifs.
COMPÉTENCES SPÉCIFIQUES À ACQUÉRIR	Outre les compétences qu'une DVP permet de faire acquérir, viser principalement à ce que l'élève hiérarchise individualisme et coopération (C5) et fasse confiance aux autres (C53).
MATÉRIEL ET SUPPORT	– Jan Lantier, *Contes philosophiques en Afrique*, « 18. Comment capter le nectar ? ». – Éventuellement, l'image d'un caoutchoutier :  Source : http://picasaweb.google.com/lh/photo/QL1ttFCzth1t-DZt6r8vvQ – Tableau ou panneau pour recueillir les questions. – Carnet de l'apprenti philosophe.
DÉROULEMENT DE L'ACTIVITÉ	Pour améliorer la compréhension à l'audition du récit, écrire au tableau les termes de « Pygmées » et « Bantous », expliquer que ce sont des peuples d'Afrique et que, notamment, les uns sont petits et les autres grands ; écrire les prénoms Butuwa (Pygmée) et Malembi (Bantou) ; afficher éventuellement l'image du caoutchoutier. – L'enseignant lit le conte « 18. Comment capter le nectar ? ». **1-2-3** (Vérification de la compréhension du récit, cueillette et reformulation des questions.)
	Exemples de questions proposées par la classe de 2e primaire d'Annick Perona :
	a. Pour être efficace faut-il travailler ensemble ? b. À deux vont-ils toujours mieux réussir ? c. Doit-on toujours partager quand on travaille à deux ?

Exemple de question proposée par la classe de 3e primaire de Ben Haas :

Peut-on résoudre seul autant de problèmes qu'à deux ou qu'en groupe ?

Exemples de questions proposées par la classe de 4e primaire de Catherine Jeanmart :

a. Faut-il être ensemble pour réussir ?
b. Faut-il toujours être ensemble pour être plus fort ?

4-5

(Amorçage de la discussion et élargissement du champ de discussion).

- Avez-vous depuis le conte n°8, « Chacun pour soi ? », vécu une situation où vous ne pouviez pas atteindre votre objectif tout seul ? (faire éventuellement référence à un travail de groupe en classe)
- Pensez-vous que nous pourrions parler tout seul, penser tout seul ? (le langage, la pensée, la culture, sont des productions collectives).
  NB : cette question n'a pas été posée lors des DVP desquelles sont issues les exemples de sagesses ci-dessous. Elle a l'avantage de renvoyer à une problématique philosophique plus complexe : l'homme est-il un « Je pense, donc je suis », comme le pensait Descartes, ou est-il fondamentalement, ontologiquement, un être qui se réalise dans sa relation à autrui, comme le pense Habermas ? (voir Claudine Leleux [2008, chapitre 2, « Coopérer, un attribut essentiel de l'humanité de l'homme ? » et « Coopérer, une nécessité psychogénétique ? »]
- En ce sens, la coopération est-elle bénéfique ? Pourquoi ?

PROJET DE CONCLUSION (ACTIVITÉ DE SYNTHÈSE)	**6-7-8-9** (Production d'une sagesse individuelle, reformulation de celle-ci avant de l'inscrire au tableau, vote et statut de la sagesse du jour de la classe.)
	Exemples de sagesses produites par la classe de 2e primaire d'Annick Perona :
	• On peut s'aider pour mieux réussir. • Quand tu aides, le travail va plus vite. On est plus efficace. • Si nous travaillons ensemble, nous irons plus vite. • Il faudrait s'aider pour être plus efficace. • Si tu veux réussir, je peux t'aider. • Si on travaille ensemble, nous irons plus vite. • Si tu n'y arrives pas, appelle-moi. • ***Si tu me demandes de l'aide, je dis oui et à deux on réussira mieux*** (sagesse votée par la classe par 10 voix) • Il faut s'entraider pour aller encore plus vite.
	Exemples de sagesses produites par la classe de 3e primaire de Ben Haas :
	• Parfois il est difficile de trouver un accord à deux. • ***À plusieurs, on a plus d'idées et c'est plus facile de réussir*** (sagesse votée par la classe par 15 voix) • Il est mieux de travailler ensemble car c'est plus amusant. • Ensemble, c'est plus facile.
	Exemples de sagesses produites par la classe de 4e primaire de Catherine Jeanmart :
	• ***Seuls nos moyens sont limités mais ensemble, on peut arriver à de meilleurs résultats*** (sagesse votée par la classe par 22 voix) • S'entraider, c'est augmenter la force. • Si on est ensemble, on peut faire de grandes choses. • Être ensemble peut nous aider à surmonter des difficultés. • Parfois, il vaut mieux ne pas coopérer.

ACTIVITÉ D'INTÉGRATION (PRODUCTION INDIVIDUELLE OU COLLECTIVE)	10 Faire découvrir au Carnet quelles actions l'élève pourrait entreprendre pour favoriser le travail de groupe. Recourir à la pédagogie de la coopération tout au long de l'année scolaire (cf. activités dans Claudine Leleux [2008]).
LIEN AVEC D'AUTRES ACTIVITÉS D'ENSEIGNEMENT (CF. SOCLES DE COMPÉTENCES)	Éducation artistique : par exemple : Confronter des capacités individuelles pour réaliser une production collective.
PROLONGEMENT ÉVENTUEL	

Nom, prénom :............................... Date : ....

Discussion à visée philosophique n° 18

COOPÉRER POUR ATTEINDRE UN OBJECTIF ?

Conte n° 18 – Comment capter le nectar ?

Nous avons écouté l'histoire d'un Pygmée qui ne parvient pas seul à capter le miel d'une ruche. Avec l'aide d'un Bantou, il y arrive et les familles des deux se lèchent les babines.

- **Après la discussion, je rédige ma sagesse du jour :**

....

- **Comme sagesse du jour, la classe a voté en majorité pour la sagesse suivante :**

....

- **J'entoure dans la liste ci-dessous les actions que j'entreprendrais pour améliorer le travail d'un groupe :**

a. Parler chacun à son tour
b. Écouter celui qui parle
c. Être attentif à ce que font les autres
d. Utiliser le prénom lorsque je m'adresse à quelqu'un en particulier
e. Proposer des idées, des stratégies
f. Réagir aux idées proposées
g. Partager mon sentiment
h. Réduire les tensions (calmer le groupe)
i. Garder la notion du temps
j. Encourager les autres
k. Exprimer mon désaccord avec calme et respect
l. Me concentrer sur la tâche, suivre les consignes
m. Aider les autres
n. ....

« Trois pierres qui brillent » : j'écris les lettres de trois actions que je fais déjà lors d'un travail de groupe : ... ...

« Une pierre à polir » : j'écris la lettre d'une action que je pourrais essayer de faire lors d'un prochain travail de groupe : ...

- **J'illustre l'atelier par un dessin, une pensée, un collage... :**

18. Comment capter le nectar ?

Un jour, un Pygmée nommé Butuwa se promena à travers la forêt et suivait le vol des abeilles pour découvrir leur nid et donc leur miel. Après de longues recherches, il comprit que le nid se cachait en haut d'un grand caoutchoutier. Il marqua l'arbre en nouant quelques lianes autour de son tronc et rentra chez lui pour prendre ses outils. Il avait besoin de sa hache pour détacher le miel et d'une petite corbeille contenant du feu pour chasser les abeilles. Il fixa la corbeille à une tige et repartit vers son caoutchoutier.

Quand il eut grimpé jusqu'à la cime de l'arbre, il approcha le feu du nid et les abeilles s'envolèrent. Ensuite, il déposa la tige avec la corbeille à côté de lui sur deux branches et commença à démanteler le nid pour récolter le miel. Par une fausse manœuvre, la corbeille tomba par terre et les abeilles revinrent au nid. Butuwa dut dégringoler de l'arbre à toute vitesse pour ne pas se faire piquer par les milliers d'insectes.

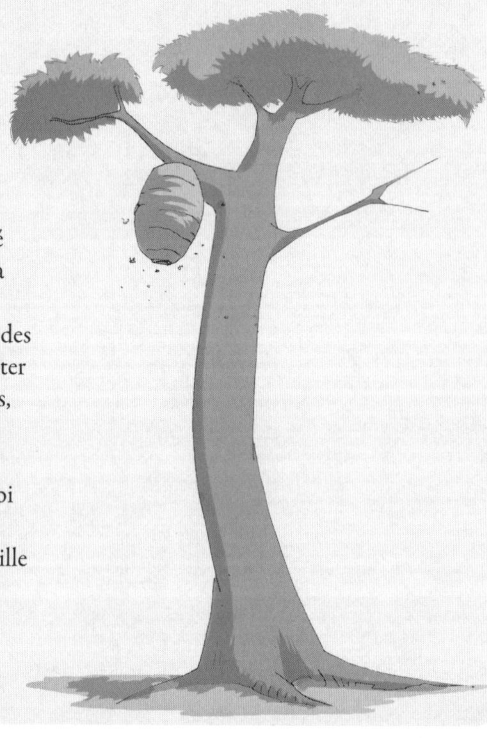

Malembi, un Bantou du village tout proche, passait par hasard par là et avait observé le manège du Pygmée. Il lui fit la proposition suivante :

– Toi, tu as découvert le nid des abeilles, mais tu ne sais pas récolter le miel. Laisse-moi le faire. Après, on divisera la récolte entre nous deux.

Butuwa acquiesça et Malembi tenta sa chance. Il monta dans le caoutchoutier et poussa la corbeille à feu tout près du nid pour faire fuir les abeilles.

Tout en gardant le feu en place, il prit la hache pour détacher le miel mais il lâcha celle-ci pour s'accrocher à l'arbre et ne pas chuter lui-même. Déçu, Malembi redescendit de l'arbre sans miel.

En bas, le Pygmée lui fit une autre proposition :

– Montons tous les deux dans le caoutchoutier. Toi, tu chasses les abeilles avec le feu et moi je récolte le miel. Ainsi, nous aurons chacun un bras pour nous tenir aux branches et ensemble nous réussirons à prendre le nectar.

Fraternellement, ils montèrent dans l'arbre et le soir même, tous les membres de leur famille se léchèrent les babines !

Questions du philosophe

– Coopérer pour atteindre un objectif ?
– Peut-on, seul, résoudre autant de problèmes qu'à deux ou qu'en groupe ?
– Pour s'accaparer des denrées rares, certains peuples se font la guerre, d'autres collaborent. Quelle est la meilleure méthode ?

Discussion à visée philosophique n° 19

SE FIER AUX APPARENCES ?

ENJEU(X) PHILOSOPHIQUE(S)	***Faut-il se fier aux apparences ?***
OBJECTIF(S) : COGNITIF, CONATIF OU AFFECTIF.	Faire découvrir que les apparences sont parfois trompeuses, que nous ne sommes pas toujours ce que nous paraissons être. Faire découvrir nos points forts.
COMPÉTENCES SPÉCIFIQUES À ACQUÉRIR	Outre les compétences qu'une DVP permet de faire acquérir, viser principalement à ce que l'élève évalue ses qualités (C5), s'accepte dans sa différence (C41) et soit fier de ce qu'il est (C42).
MATÉRIEL ET SUPPORT	– Jan Lantier, *Contes philosophiques en Afrique*, « 19. Apparences trompeuses ». – Éventuellement, l'image d'un dattier :  Source : http://www.fond-ecran-image.com/galerie-membre,espagne-baleares,dattier-a-can-pastillajpg.php – Et de dattes :  Source : http://www.eve-auto.fr/12859/biocarburant-des-dattes-pour-nourrir-les-moteurs/ – Localisation de l'ile de Zanzibar :  http://www.easyvoyage.com/base/imgs/cartes/fr/ZANZIBAR.gif – Tableau ou panneau pour recueillir les questions. – Carnet de l'apprenti philosophe.

DÉROULEMENT DE L'ACTIVITÉ	Pour améliorer la compréhension à l'audition du récit : – situer l'ile de Zanzibar ; – écrire au tableau les noms Kubwa (le sultan de l'ile), Twiga (l'ainé des fils), Tembo (le cadet) et Kiroboto (le benjamin) ; – afficher éventuellement l'image du dattier et des dattes. – L'enseignant lit le conte « 19. Apparences trompeuses ». **1-2-3** (Vérification de la compréhension du récit, cueillette et reformulation des questions.)
	Exemples de questions recueillies par Claudine Leleux dans une classe de 3e primaire de Catherine Jeanmart :
	a. Pourquoi les deux grands ont-ils échoué et le petit a-t-il réussi ? b. Pourquoi le père est-il injuste envers ses deux fils ? c. Pourquoi le sultan ne remercie-t-il pas les femmes esclaves ? **4-5** (Amorçage de la discussion et élargissement du champ de discussion.) – Vous est-il déjà arrivé de voir un « grand » se comporter comme un « petit » ? – Vous est-il déjà arrivé de voir un « petit » se comporter comme un « grand » ? – Pensez-vous que nous puissions nous fier aux apparences ? Oui, non, pourquoi ? – Les petits sont-ils dépourvus de qualités ? – Vous êtes petits et je suis grande, pensez-vous que vous avez des qualités que je n'ai pas ? – Est-il déjà arrivé qu'on vous prenne pour ce que vous n'êtes pas ? (sensibiliser à l'activité d'intégration qui suivra)

PROJET DE CONCLUSION (ACTIVITÉ DE SYNTHÈSE)	**6-7-8-9** (Production d'une sagesse individuelle, reformulation de celle-ci avant de l'inscrire au tableau, vote et statut de la sagesse du jour de la classe.) Exemples de sagesses recueillies par Claudine Leleux dans une classe de 3e primaire de Catherine Jeanmart : • N'oublie jamais que les plus grands ne sont pas les plus forts (6 voix) • Il ne faut pas oublier qu'il y a des avantages à être petit (8 voix) • N'oublie pas de réfléchir pour atteindre ton but (9 voix) – (4 voix) • N'oublie jamais qu'un enfant peut être utile dans la vie (9 voix) – (4 voix) • ***N'oublie pas que les plus petits peuvent être plus malins*** (9 voix) – (12 voix) (sagesse votée par la classe entre les trois ex aequo)
ACTIVITÉ D'INTÉGRATION (PRODUCTION INDIVIDUELLE OU COLLECTIVE)	**10** Dans le carnet de l'apprenti philosophe, faire rechercher des qualités que l'on possède et qui n'apparaissent pas forcément. L'enseignant veille au transfert possible de la « Sagesse du jour de la classe » dans le contexte scolaire au cours de l'année.
LIEN AVEC D'AUTRES ACTIVITÉS D'ENSEIGNEMENT (CF. SOCLES DE COMPÉTENCES)	Éducation artistique : par exemple : Permettre un équilibre intérieur personnel.
PROLONGEMENT ÉVENTUEL	

Nom, prénom :. . . . . Date : . . . .

Discussion à visée philosophique n° 19

SE FIER AUX APPARENCES ?

Conte n° 19 – Apparences trompeuses

Nous avons écouté l'histoire d'un Sultan qui pensait que son ainé et son cadet étaient plus ingénieux parce qu'ils étaient grand ou fort. Le benjamin, bien que sensible et petit, s'avéra être pourtant le plus malin.

- **Après la discussion, je rédige ma sagesse du jour :**

. . . .

- **Comme sagesse du jour, la classe a voté en majorité pour la sagesse suivante :**

. . . .

- **Je cherche et je trouve trois qualités dont je pourrais être fier et que les autres ne pourraient pas voir à première vue :**

. . . .

. . . .

. . . .

- **J'illustre l'atelier par un dessin, une pensée, un collage... :**

19. Apparences trompeuses

À une époque que même les grands-pères de nos grands-pères n'ont pas connue, l'ile de Zanzibar était gouvernée par le sultan Kubwa. Dans la langue parlée sur cette ile, le swahili, Kubwa veut dire « grand ». Kubwa était en effet le grand sultan d'une grande ile.

Le sultan avait trois fils : deux grands et un petit. Son ainé était le plus grand. Il l'avait nommé Twiga, ce qui signifie « girafe ». Le second était un peu moins grand, mais il était très robuste. Il lui avait donné le nom de Tembo ou « éléphant ». Le petit dernier, il l'appelait Kiroboto, ce qui veut dire « puce ». Le sultan était très fier de ses deux grands fils. Avec eux, il partait à la chasse ou voyageait à travers son royaume. Le petit dernier ne l'intéressait guère. Kiroboto était toujours fourré dans les jupes de sa mère et passait le plus clair de son temps dans la cuisine avec les femmes esclaves.

Sultan Kubwa avait aussi un grand verger, rempli de citronniers, d'orangers et de bananiers. Au milieu de ce jardin, il fit planter un arbre très rare pour l'ile de Zanzibar, un dattier qu'il avait reçu de son oncle, le sultan d'Arabie. Le dattier porta des fruits pour la première fois lors de l'été durant lequel son fils Twiga eut 18 ans. Le sultan n'avait qu'une envie : gouter ces dattes qu'il n'avait encore jamais mangées de sa vie. Pour que celles-ci ne soient pas dérobées par des voleurs ou des oiseaux, il ordonna à Twiga de monter chaque nuit la garde dans le verger jusqu'à ce que les dattes soient mûres et prêtes à être cueillies. Il lui promit de le marier à la plus belle princesse de l'ile s'il réussissait à lui faire savourer ces délicieuses dattes.

Dès le coucher du soleil et pendant plusieurs semaines, Twiga s'installa contre le tronc d'un grand bananier, juste en face du dattier, afin de bien le tenir à l'œil. Il dormait durant la journée et restait éveillé toute la nuit, sauf la toute dernière nuit avant la cueillette des fruits. Cette nuit-là, il s'endormit vers quatre heures du matin et, durant son sommeil, un grand oiseau nocturne descendit sur les branches du dattier et en mangea tous les fruits. Quand Twiga se réveilla et constata la débâcle, il se hâta d'atteindre le palais de son père pour lui expliquer son forfait et pour lui présenter ses excuses. Le sultan ne l'excusa point. Il était furieux. Il cria que son fils n'était pas un homme, qu'il porterait dorénavant le masque d'une femme et qu'il devrait à tout jamais disparaitre de sa vue.

L'été suivant, le sultan ordonna à son deuxième fils, Tembo, de monter la garde dans le verger.

Il lui promit non seulement de le marier à la plus belle princesse de l'ile, mais lui annonça également qu'il abdiquerait et l'introniserait comme nouveau sultan si Tembo réussissait à lui apporter les dattes tant désirées.

Chaque nuit, Tembo s'installa non pas en face du dattier mais contre le tronc de celui-ci, afin de le tenir à l'œil de plus près. Comme son frère, il resta éveillé chaque nuit, sauf la dernière. Il s'endormit vers quatre heures du matin et pendant son sommeil, le grand oiseau descendit sur les branches du dattier et mangea tous les fruits. À son réveil, Tembo constata son échec et se précipita au palais pour s'excuser auprès de son père. Ce dernier fut encore plus furieux que l'année précédente. Il hurla que son fils n'était pas un homme, qu'il porterait dorénavant non seulement un

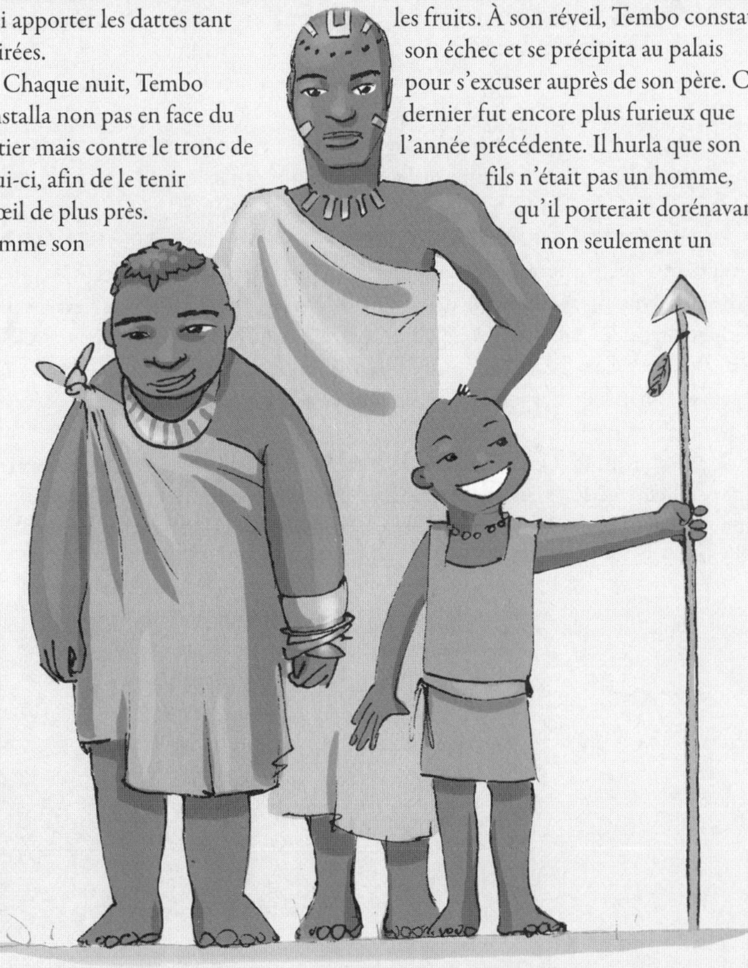

masque de femme mais également des vêtements de femme et qu'il devrait à tout jamais disparaitre de sa vue.

Une année plus tard, Kiroboto, le troisième fils du sultan, demanda à son père s'il pouvait monter la garde dans le verger afin de lui apporter les fruits tant convoités. Le sultan lui répondit sèchement :

– Si tes deux frères n'ont pas réussi à me faire gouter les dattes, toi, tu en seras certainement incapable. Ta place est à la cuisine, avec les femmes.

Et le sultan désigna le chef de ses esclaves pour monter la garde au verger.

À l'insu de son père et du chef des esclaves, Kiroboto se faufila chaque nuit dans le verger. Il grimpait dans le dattier et s'y cachait. Il avait mûrement élaboré son plan. En se perchant à la cime de l'arbre, il pourrait facilement chasser le grand oiseau et assis sur une branche, il serait obligé de rester éveillé, sinon il tomberait.

La dernière nuit venue, le chef des esclaves s'endormit vers quatre heures du matin tandis que Kiroboto était toujours aux aguets. Une heure plus tard, le grand oiseau nocturne descendit sur le dattier. Kiroboto se jeta sur lui et pendant qu'ils dégringolèrent de l'arbre, il étrangla l'animal. Le jeune homme regrimpa dans le dattier en attendant d'éventuels autres oiseaux, mais quand le soleil se leva, il courut au palais pour y chercher les femmes de la cuisine. Avec leur aide, il cueillit toutes les dattes et les apporta à son père.

Le sultan Kubwa fut d'abord très étonné. Ensuite, après avoir gouté les dattes, il fut très heureux. Enfin, il éclata de joie et embrassa son fils, ce qu'il n'avait plus fait depuis de longues années. Le sultan tint ses promesses, maria Kiroboto à la plus belle princesse de Zanzibar et lui céda son trône.

Questions du philosophe

– Les grands sont-ils toujours compétents et les petits sont-ils toujours incapables ?
– Faut-il se fier aux apparences ?
– Faut-il penser comme le sultan Kubwa que les hommes sont forts et les femmes faibles ?

Discussion à visée philosophique n° 20

S'ENRICHIR AUX DÉPENS D'AUTRUI ?

ENJEU(X) PHILOSOPHIQUE(S)	***S'enrichir aux dépens d'autrui ?***
OBJECTIF(S) : COGNITIF, CONATIF OU AFFECTIF.	Sensibiliser à la faim et à la pauvreté dans le monde et réfléchir à une conduite à adopter.
COMPÉTENCES SPÉCIFIQUES À ACQUÉRIR	Outre les compétences qu'une DVP permet de faire acquérir, viser principalement à ce que l'élève évalue la valeur de solidarité (C45) et se soucie d'autrui (C44).
MATÉRIEL ET SUPPORT	– Jan Lantier, *Contes philosophiques en Afrique*, « 20. Le prix de la faim ». – Tableau ou panneau pour recueillir les questions. – Carnet de l'apprenti philosophe.
DÉROULEMENT DE L'ACTIVITÉ	Pour améliorer la compréhension à l'audition du récit, écrire au tableau le mot « mil » (*Petit Robert* : céréale cultivée surtout en Afrique) et le nom du protagoniste : Kano. – L'enseignant lit le conte « 20. Le prix de la faim ». **1-2-3** (Vérification de la compréhension du récit, cueillette et reformulation des questions.)
	Exemples de questions recueillies par Claudine Leleux dans une classe de 5e primaire de Catherine Jeanmart :
	a. Pourquoi Kano n'écoute-t-il pas le conseil de l'habitant ? b. Pourquoi Kano vend-il son mil si cher ?

	4-5 (Amorçage de la discussion et élargissement du champ de discussion.) – Est-ce que c'est mal de vouloir gagner sa vie, de vendre ses produits à ceux qui en ont besoin ? Oui, non, pourquoi ? – Quel est donc le problème dans le conte ? – Pensez-vous que certains utilisent parfois la pauvreté ou la faim des autres pour s'enrichir ? (cf. problématique du film *La promesse* des frères Dardenne en matière de logements, travail au noir, traite des êtres humains) – Pensez-vous que cette attitude est critiquable ? Oui, non, pourquoi ? – Le gouvernement belge agit en notre nom pour aider les pays du tiers monde (en principe, selon les accords internationaux, 0,7 % du Revenu National Brut devraient être affectés à la coopération au développement ; en 2008, seuls 0,48 % furent versés, selon le rapport APD de juillet 2009, p. 10 sur www.diplomatie.be). Êtes-vous d'accord avec ce principe ? Oui, non, pourquoi ? – Y a-t-il en Belgique des personnes pauvres, qui ont faim ? Devons-nous les aider ? Comment ? (Contributions fiscales, Sécurité sociale, Resto. du cœur, Arc-en-Ciel, journée 11.11.11... ?)
PROJET DE CONCLUSION (ACTIVITÉ DE SYNTHÈSE)	6-7-8-9 (Production d'une sagesse individuelle, reformulation de celle-ci avant de l'inscrire au tableau, vote et statut de la sagesse du jour de la classe.)
	Exemples de sagesses recueillies par Claudine Leleux dans une classe de 5e primaire de Catherine Jeanmart :
	• Ne joue pas avec l'argent (5 voix) • Aide les pauvres (11 voix) – (4 voix) • Ne profite pas des autres (7 voix) • Ne t'enrichis pas sur le dos des pauvres (10 voix) • Ne vends pas tes marchandises à prix élevé (2 voix) • Donne aux pauvres mais ne te laisse pas piéger (9 voix) • Partageons nos gains (6 voix) • ***Réfléchis avant de donner de l'argent et sois raisonnable*** (11 voix) – (10 voix) (sagesse votée par la classe entre les ex aequo)

ACTIVITÉ D'INTÉGRATION (PRODUCTION INDIVIDUELLE OU COLLECTIVE)	10 L'élève répond à trois questions dans son carnet de l'apprenti philosophe. L'enseignant veille au transfert possible de la « Sagesse du jour de la classe » dans le contexte scolaire au cours de l'année (journée 11.11.11, projet Arc-en-ciel ?).
LIEN AVEC D'AUTRES ACTIVITÉS D'ENSEIGNEMENT (CF. SOCLES DE COMPÉTENCES)	Géographie, citoyenneté.
PROLONGEMENT ÉVENTUEL	

Nom, prénom : .... Date : ....

Discussion à visée philosophique n° 20

S'ENRICHIR AUX DÉPENS D'AUTRUI ?

Conte n° 20 – Le prix de la faim

Nous avons écouté l'histoire d'un commerçant qui voulait s'enrichir sur le dos des affamés en vendant son mil au prix fort. Tout occupé à compter son argent, il n'écouta pas le conseil d'un villageois et le vent emporta ses billets.

- **Après la discussion, je rédige ma sagesse du jour :**

....

- **Comme sagesse du jour, la classe a voté en majorité pour la sagesse suivante :**

....

- **Après la lecture du conte, je réponds à trois questions (je barre la mention inutile) :**

Est-ce que je soutiens l'idée du gouvernement de consacrer un peu d'argent des Belges (de 0,48 % à 0,7 % du Revenu National Brut) au tiers-monde ?

Oui/Non. Pourquoi ?

....

Est-ce que je cherche l'adresse d'un resto. du cœur dans ma Commune ou dans une Commune voisine ?

Oui/Non. Pourquoi ?

....

Si oui, quelle est cette adresse ?

....

Est-ce que je participe activement à la journée 11.11.11 ?

Oui/Non. Pourquoi ?

....

- **J'illustre l'atelier par un dessin, une pensée, un collage… :**

Disponible sur le DVD

20. Le prix de la faim

Depuis des années, la sécheresse sévissait dans le désert. Des enfants de cinq ans n'y avaient jamais vu la pluie. Les greniers à mil étaient vides et les habitants mouraient de faim.

En revanche, au sud du désert, la pluie arrosait encore les champs et les récoltes de mil y étaient abondantes. Kano, un commerçant de cette région, qui savait que la disette régnait dans le désert, chargea ses camions de sacs de mil et partit pour le Nord.

Il s'arrêta dans la première grande ville du désert et ses camions y furent aussitôt encerclés par des milliers d'affamés. Kano leur vendit le mil au prix fort. Son prix était si élevé que deux ou trois familles se cotisaient pour s'acheter un sac de mil qu'ils se partageaient par la suite. Pourtant, la faim était telle dans le désert qu'à la fin de la journée, Kano avait vendu toute sa cargaison.

Kano entra dans une auberge pour y passer la nuit. Mais avant d'aller dormir, il s'installa sous le porche afin de compter les billets de banque qu'il avait gagnés. Les passants le regardaient avec de grands yeux. Pendant que le soleil se couchait et que le vent se levait, Kano entassait ses billets en liasses. Un des passants lui fit remarquer qu'il devait mettre une pierre sur les liasses pour qu'elles ne s'envolent pas. Kano ne l'écouta pas et continua à compter. Il était fier d'étaler ses profits.

Tout à coup, une soudaine bourrasque emporta tous les billets de banque devant les yeux incrédules du commerçant, les souleva haut dans le ciel et les dispersa au-dessus de la ville.

Kano ne revit jamais son argent et ne revint jamais au désert.

Questions du philosophe

– Est-il décent d'étaler ses richesses devant ceux qui n'en ont pas ?
– S'enrichir aux dépens d'autrui ?
– Faut-il coopérer au développement ?

Annexe
Liste des compétences selon les trois axes

Sur l'axe du savoir (dimension cognitive)

C1. *Comprendre* ce qui est dit et en vérifier la compréhension ; parfois, pour ce faire, interroger autrui sur la signification de ce qui est dit (poser des questions) ou demander de l'aide ; *accepter* ce qui est différemment dit par d'autres ; (parfois, pour ce faire), *se décentrer*, se défaire de ses préjugés et de certaines de ses représentations initiales ;

C2. *Se comprendre, se connaitre* ;

C3. *Analyser* une situation et ce que les autres disent ;

C4. *Synthétiser / résumer* ce qui est dit et, pour ce faire, *généraliser* et *conceptualiser* ;

C5. *Comparer* ce qui est dit (*évaluer* des idées, les mettre en opposition, les *hiérarchiser…*) ;

C6. *Choisir* et *décider* ;

C7. *Justifier* ses opinions, ses idées, ses actions (en donner les raisons) ; les *argumenter* selon un raisonnement cohérent ; les étayer ; les illustrer ; en *répondre* ;

C8. *Discriminer les ordres de la validité* (le vrai, le bien et le juste, le beau et le bon) ;

C9. *Juger* de la validité (la légitimité) d'une règle, d'une norme, d'une Loi, d'un interdit, c'est-à-dire des raisons qui les justifient ;

C10. *Critiquer* une idée ;

C11. *Résoudre des problèmes* et proposer des solutions alternatives ;

C12. *Vérifier* ce qui est dit ;

C13. Réviser son jugement, *s'autocritiquer* ;

C14. *Intégrer* les idées des autres ; les *approfondir* ;

C15. *Rechercher* de l'information ;

C16. *Se concentrer* sur la tâche à effectuer ;

C17. *Répondre* aux idées des autres ;
C18. *Imaginer*, accéder à un langage symbolique et métaphorique, *visualiser* ;
C19. *Différencier* le réel de la fiction, le réel de l'imaginaire ;
C20. Oser *inventer, transformer, créer, détourner, interpréter...*

...

SUR L'AXE DU SAVOIR-FAIRE (DIMENSION CONATIVE)

C25. *Écouter* et pratiquer l'écoute active ;
C26. *Différer*, attendre son tour de parole et laisser les autres s'exprimer ;
C27. Faciliter l'interaction (veiller à ce que chacun s'exprime, inclure tout le monde, reconnaitre chacun…) ;
C28. *Partager* l'espace et le matériel ;
C29. Exprimer un désaccord (*critiquer* les idées et non les personnes) ;
C30. Parler doucement et poliment ; s'adresser aux autres par leur (pré) nom ;
C31. Utiliser l'humour sans être injurieux ni indécent ;
C32. *Convaincre* ;
C33. *Résoudre* les conflits par la négociation ;
C34. *Jouer* avec les autres ;
C35. Agir conformément aux normes justes (valides) et en fonction de ses valeurs ;
C36. *S'entendre* avec les autres ;

…

SUR L'AXE DU SAVOIR-ÊTRE (DIMENSION AFFECTIVE)

C40. *Se libérer*, prendre du plaisir et en procurer, notamment par l'humour et le jeu ;
C41. *S'accepter* dans ses différences ;
C42. Être fier de soi et avoir confiance dans son efficacité personnelle ;
C43. Ne pas craindre les autres ;
C44. Manifester de l'attention et de l'empathie, *se soucier* des autres ;
C45. *Se solidariser* ;
C46. Montrer qu'on apprécie les autres et éviter de les dénigrer ;

C47. *Expliciter et exprimer* ses sentiments et ses besoins ;
C48. *Maîtriser* ses émotions et ses pulsions, *différer* ses désirs ;
C49. Reconnaitre les autres dans leurs différences ;
C50. *Respecter* les personnes et soi-même ;
C51. *Encourager* les autres, voire les *féliciter* ;
C52. Être attaché à des valeurs, les préférer ;
C53. Faire confiance aux autres ;
C54. Être sensible à la vie, à la nature, à l'art ;

...

Bibliographie

Benjamin Constant [1797], *Réactions politiques*, téléchargeable sur le site : http://classiques.uqac.ca/classiques/constant_benjamin/des_reactions_politiques/des_reactions.html.

Marie-France Daniel [2005], « Présupposés philosophiques et pédagogiques de Matthew Lipman et leurs applications » dans Claudine Leleux [2005].

Joaquim Dolz, Bernard Schneuwly [1988], *Pour un enseignement de l'oral. Initiation aux genres formels à l'école*, Paris, ESF, coll. « Didactique du français ».

Thomas Hobbes [1651], *Léviathan. Traité de la matière, de la forme et du pouvoir de la république ecclésiastique et civile*, trad. F. Tricaud, 1971, Sirey.

Emmanuel Kant [1790], *Critique de la faculté de juger*, trad. Philonenko, 1989, Librairie J. Vrin.

Emmanuel Kant [1797], *Sur un prétendu droit de mentir par humanité*, Paris, 1990, Librairie J. Vrin.

Claudine Leleux [1997], *La démocratie moderne. Les grandes théories*, Paris, Éd. du Cerf, coll. « Textes en main ».

Claudine Leleux [2000], *Éducation à la citoyenneté. Apprendre les valeurs et les normes de 5 à 14 ans*, Tome 1, Bruxelles, De Boeck, coll. « Outils pour enseigner », 2e éd. 2006.

Claudine Leleux [2001], *L'École revue et corrigée. Une formation de base universelle et inconditionnelle*, Bruxelles, De Boeck & Belin, coll. « Comprendre ».

Claudine Leleux [2003a], *Dans quelle société je veux vivre ?* Manuel de l'élève de 5e secondaire, Bruxelles, De Boeck.

Claudine Leleux [2003b], *Qu'est-ce que je tiens pour vrai ?* Manuel de l'élève de 6e secondaire, Bruxelles, De Boeck.

Claudine Leleux, Luc Matelart [2004], *Séquences didactiques de philosophie. Guide pédagogique et corrigé des exercices*, Bruxelles, De Boeck.

Claudine Leleux (dir.) [2005], *La Philosophie pour enfants. Le modèle de Matthew Lipman en discussion*, Bruxelles, De Boeck, coll. « Pédagogies en développement ».

Claudine Leleux [2006], *Éducation à la citoyenneté. Apprendre des droits et des devoirs de 5 à 14 ans*, Tome 2, Bruxelles, De Boeck, coll. « Outils pour enseigner ».

Claudine Leleux [2008], *Éducation à la citoyenneté. Apprendre la coopération et la participation de 5 à 14 ans*, Tome 3, Bruxelles, De Boeck, coll. « Outils pour enseigner ».

Claudine Leleux [2009], « La discussion à visée philosophique pour développer le jugement moral et citoyen ? » dans *Revue française de pédagogie*, 2009, INRP, n° 166, pp. 71-87.

Claudine Leleux (en collaboration avec Chloé Rocourt) [2010], *Pour une didactique de l'éthique et de la citoyenneté. Développer le sens moral et l'esprit critique des ados*, Bruxelles, De Boeck, coll. « Action ».

Matthew Lipman [1989], « Renforcer le raisonnement et le jugement par la philosophie » dans Claudine Leleux [2005], *op. cit.*

Montaigne [1595], *Essais*, (http://www.chez.com/trimegiste/montable.htm).

Freddy Mortier [2005], « Études d'évaluation : la méthode de Matthew Lipman comme moyen de développement » dans Claudine Leleux [2005], *op. cit.*

Friedrich Nietzsche [1887], *Le gai savoir*, trad. P. Klossowski, folio essais, 1982, n° 17.

Michel Piquemal et Philippe Lagautrière [2003], *Les philo-fables*, Paris, Éd. Albin Michel.

Michel Piquemal, Philippe Lagautrière [2007], *Les philo-fables pour vivre ensemble*, Paris, Albin Michel.

Platon, *République*, trad. R. Baccou, 1966, Paris, GF-Flammarion, n° 90.

Alexis de Tocqueville [1835], *De la démocratie en Amérique*, tome 1, Paris, 1981, Garnier-Flammarion, n° 353.

Michel Tozzi (dir.) [2007], *Apprendre à philosopher par la discussion. Pourquoi ? Comment ?*, Bruxelles, De Boeck, Coll. « Perspectives en éducation et formation ».

Lev Semenovitch Vygotski [1934], *Pensée et Langage*. Suivi de Jean Piaget, « Commentaire sur les remarques critiques de Vygotski », trad. F. Sève, Paris, 1997, La Dispute.

Table des matières